チベット禅

トゥルク・イェシ・リンポチェ
エリコ・ロウ 訳

ナチュラルスピリット

TIBETAN ZEN
by Tulku Yeshi Rinpoche

錯覚に苦しむすべての人のために

この本の出版に貢献してくれた人々に感謝の意を表します。

ピーター・オーバー／ジャムツェ・ギャッツォー
デヴィッド・スパイカーマン／サリー・S・スワンバーグ
サンドラ・キッパー／ジョン・コノリー
ジョン・スティーヴンソン／コリーヌ・スイング
クリス＆スティーヴン・カーター

序文

本書では人のマインドを解放し癒す様々な瞑想法をトゥルク・イェシ・リンポチェが詩的に独自のスタイルで紹介してくれます。古代から続くチベット禅の伝統をベースとして、仏教徒か否かにかかわらず誰もが瞑想を通じて自分のマインドの真の本質を認識できるような方法とアイデアをトゥルク・イェシは提供してくれます。母なる自然からインスピレーションを得た様々な観想（心の中でイメージを描くビジュアリゼーション）によって、あなた自身の瞑想法を構築していくことができるのです。本書の読者にトゥルク・イェシが望む条件はたったひとつ。あなたには幸せでいる価値があり、そのための方法は身近にあるのだと気づけるよう努力することです。

デヴィッド・スパイカーマン

目次

はじめに

チベット禅は至上の叡智と解脱への導き。
でも実は、それはあなたの内では成し遂げられている。
「覚醒」する必要などないのだ。
あなたはすでに目覚めているのだから。
幸せを探しに出かける必要もない。
あなたはすでに世界一幸せな人なのだから！
お釈迦さまのようになるのも難しいことではない。
実際にはそれはとても簡単なことなのだ。
仏陀は外界に棲む存在ではなく、ふつうの人の内に棲む。
それはあなた自身の心の究極の目覚めのことなのだ。

本書ではとてもシンプルな瞑想を紹介する。
いずれも心を鎮め、癒しを導き、
あなたが慈悲深い人になる役に立つ瞑想だ。
前向きな見方で日々暮らしながら
自分を改善していく助けとなる瞑想だ。
チベット禅の瞑想では
母なる自然とその元素が
仏菩薩《ぶつぼさつ》や法師の役割を果たしてくれる。
お寺に出かける必要もない。
私たちのからだがお寺の本堂なのだ。
周囲から聞こえてくる音が私たちのマントラだ。
外の自然と私たちの心の内なる自然が
私たちに恵みを授けてくれる。

チベットでも八世紀には多くの人たちが中国人の法師の導きで禅の修行をしていた。法師が去った後、法師が教えた禅の修行はチベット仏教に融合され、牛乳の中にあるバターの成分のようにチベット仏教の一部として、とくにゾクチェンとマハムードラの教えに残っている。

そうした修行の人気の裾野は広がっているが、本来はとても高度なレベルの教えで、学び始める前に長年の特別な修行が求められる。

ゾクチェンやマハムードラの瞑想を試してはみたが、あまり満足できなかった、という人も多いかもしれない。おそらく、その理由は次のいずれかだろう。

一、瞑想の基盤がしっかりできていない。

二、修行が複雑過ぎて、多忙な現代生活には取り入れにくい。

三、目標が深遠なだけに、その達成にはかなりの意欲が必要だ。

四、修行で求められるすべての誓いを守るのが大変過ぎる。

伝統的なチベット仏教の厳格な修行の掟に縛られることなく、お釈迦さまの境地に近づける自分なりの自己変革への道や、シンプルだが奥深い修行法を探してきた人も多いことだろう。

あなたがそうした人のひとりなら、チベット禅の世界にようこそ！

私にとって、「禅」とはシンプルな瞑想を通して「目覚める」、または「気づくようになる」ことだ。

チベット仏教の瞑想の多くでは、神仏の姿を仔細にイメージできることが重要で、法要の儀式にも複雑な決まりや段取りがある。しかし、そうしたものがすべてというわけではない。チベット仏教にも様々な修行のテクニックがあるのだ。

チベットでは数千年前から在家（公式に出家していない仏教徒）のヨギ（修行者）が禅の修行をしてきた。無数の人々がシンプルな瞑想によって自分の心の内に棲む仏性《ぶっしょう》に気づいてきた。

そのようなシンプルな瞑想がチベット禅の真髄だ。

さあ、あなたも簡単に学べて偉大なる効果を発揮してくれるチベット禅の瞑想で修行を始めよう。まずは、あなたの心を禅の世界のようにシンプルにすることが成功の秘訣となる。

しかし、瞑想イコール禅というわけではない。それほど単純ではないのだ。あなた自身の身口意《しんくい》、つまり、あなたのからだ、あなたの言葉とエネルギー、あなたの意識のすべてを禅にするのだ。それができれば、ある日、突然にすべての現象が禅であることに気づくだろう。

それが究極の覚醒であり、解脱なのだ！

チベット禅の三つの扉

頭の中の猿を調教する

私たちのほとんどは、首から下は人間だが頭は猿同様だ。このいたずらな猿頭のおかげで、私たちの認識は原始的な低次元に留まってしまう。子供がよく意地を張るのも、この猿頭のせいだ。宿題をすませるように親に促された子供は

「嫌だ！　ビデオゲームで遊びたい」と駄々をこねる。

「もう寝なさい」と言われたら、

「嫌だ！　もっとテレビが観たい」と叫ぶ。

高校生や大学生になれば、先生の言うことはそっちのけ。ファッションやスポーツ、デートや最新版のスマホに夢中になっている。

働き始めてからは、自分より稼ぎが良い友人をやっかみ、もっと豪華で大き

な家や新車を買うことにエネルギーのすべてを傾ける。

結婚すれば相手がどれだけ自分を喜ばせようとしても、相手の欠点ばかりが気になりだす。

物質的にどんなに恵まれても、心の中は幸せではない。でもその理由は分からない。外見は日の輝きを受けて咲く花のようでも、内側は暗雲が立ち込め雨が降る寒々しい風景だ。

さて、人生の重荷になっている問題や状況を自分でコントロールするにはどうしたらよいのか。まずは、あなたが抱え込んでいる問題や状況が実は猿頭のいたずらの産物だと認識することだ。その次は？　猿頭が疲れるのを待つことにするのか？　そうではなく、いますぐ頭の中の猿を調教したいなら、チベット禅が役に立つ。

では、チベット禅の世界への入り口となる三つの扉を紹介しよう。

チベット禅への三つの扉

一、自分の目を見つめる

二、自分の声を聞く

三、自分の心を体験する

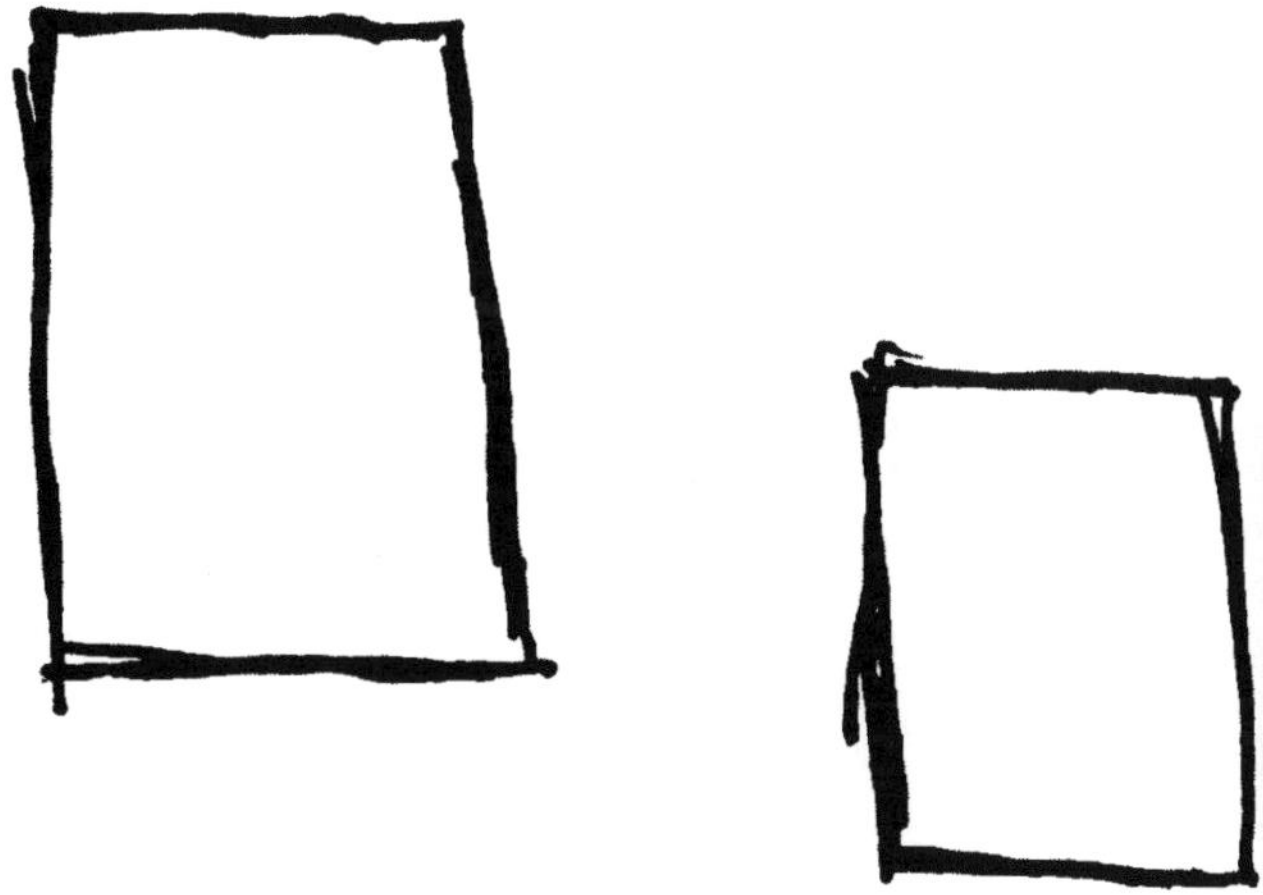

チベット禅への三つの扉は輪廻転生のどの過程でもあなたの内に存在している。あなたが俗世にいるときも、涅槃《ねはん》(注)にいるときにもその扉は開かれている。

その扉の向こう側には美しい小さな庭がある。片手で一握りの種をつかみ、もう一方の手には清らかな水が入った水瓶を持ち、あなたはこれからその美しい庭に入るのだ。そこであなたはきれいな花に囲まれることになる。花を見つめるときには、自分の目も忘れずに見つめよう。鳥たちの歌声を聞きながら、自分自身の声を聞くことも忘れないようにしよう。美しい庭での体験を楽しみながら、その体験を楽しんでいる自分の心も体験するのだ。

チベット禅への三つの扉は常にあなたの目前にある。あなたがそれを認識していなかっただけだ。しかし、幸運なことにその扉はいつも開いている。あなたの心には仏性が常に棲んでいるからだ。

そして、扉の敷居をまたぐ隔たりになるものは何もない。

チベット禅への三つの扉とは

あなたの仏陀、仏法《ダルマ》、僧伽《サンガ》（修行者のコミュニティ）だ。
それは、あなたの過去、現在、未来。
それは、あなたの太陽、月、星。
それは、あなたの空、山、海。
あなたのからだ（身）と言葉&エネルギー（口）と精神（意）。

あなた自身の三宝（仏法僧）のことなのだ。

（注）すべての煩悩が消滅した究極の安楽の境地、ニルヴァーナ

自分の目を見つめる

俗世には三つの世界（三界）があると仏教では考えられている。欲望の世界（欲界）、有形の世界（色界）と無形の世界（無色界）だ。

私たちがほとんどの時間を過ごすのは欲望の世界だ。そこで私たちは五種類の基本的な苦しみを味わう。欲、嫌悪、嫉妬、プライドと無知だ。

すべての根っこ、つまり、根本原因となるのが無知だ。欲、嫌悪、嫉妬、プライドの四苦はその枝のようなものだ。

しかし、その五苦を根元から断つのは瞑想の初心者にとっては至難の業だ。だから、まずは、枝から切り落とす。

枝を伸ばし続けるスペースがなければ四苦の枝は育たないから、余分なスペースもなくす。

私たちは常に外界と接しているが、外界への最大の扉は私たちの目だ。私たち人間の「目の意識」は扉の外側の外界を見て、五つの苦しみを見つけては、それに反応する。

魅力的に見えるものに執着しようとする一方で、怒りを感じさせる物事は嫌い、他人に嫉妬したりする。そうした目の働きは一日中続いている。目は外界だけを見ているわけではなく、眠っているときにも夢を見ているのだ。

魅力的な見かけに惹かれて炎に近づく蛾のように、時の始まりから、人は満足できるものを外側に求めてきた。しかし、欲求が満たされることはなく、自分たちの経験から学ぶこともない。

まずは、そうした見かけや形から目をそむけることから始めよう。見かけを消すことはできないが、見かけから自分の目をそらすことはできるはずだ。

目は開けたままでよいが、見かけを見つめるのはやめる。その代わりに意識を目の内側の本質に向ける。カメラの中をじっと見つめるカメラマンのように目を凝らすのだ。これはあなたが思うほど特別なことではない。実際には私たちが、ふだんからよくしていることだ。

たとえば、好きな音楽を聞いているときには目は大きく開いているかもしれないが、何も「見」てはいない。音楽を聞くことに集中しているからだ。

同じことを音楽なしですれば、あなたも「自分の目を見ている」ことになるのだ！　これを1回につき5分くらいずつ、試してみよう。

何も飾られていない壁の前に座ればより簡単にできるかもしれない。明るいカラーや動きに私たちは目を向けてしまいがちだからだ。

では、あなたの部屋の壁が緑色だったら？「緑色」という概念や、それに関連した思考を手放すようにする。同様に「壁」という名称やその素材感、形なども手放す。

自分の目玉は瞑想する「目の意識」が座っている座布団だと考える。その座布団の上に「目の意識」を5分間以上座らせて、瞑想させる。

この瞑想の効果は大きい。なぜなら、視覚が心の安らぎを妨げてしまうことが多いからだ。

自分自身の目の役割について理解できれば、見たものに対してすぐに判断を下し、それが感情的な苦しみを引き起こしてきたことにも気づく。そうすれば習慣化していた意識の流れもストップできる。

それが何であれ、いったん判断を下してしまえば、私たちは美しいものや心地よいものに執着し、醜いとか、心地悪いと判断したものは嫌うようになる。

しかし、見たものに意識を奪われたり、見かけだけで何かに執着すべきではないのだ。

何かを見ることを避けようとするのではなく、何かを見る際に心に起こる習慣的な反応を避けることで、物事の見かけに執着せずにすむようになる。

これは買い物客になるか、見物客になるかの違いのようなものだ。前者は家にたくさんの物を持って帰ろうと大きなバッグを抱え、ショッピングに熱中する人。後者は見ることを楽しみつつ、そこにあるものはそのままにして去る美術館の観客にたとえられる。

もちろん目を閉じて瞑想することもできるが、見ることが習慣となっているために、私たちの思考や経験も視覚に基づきがちだ。

たとえば、目を閉じて座っているときにも、自分が暗い部屋に座って、外の美しい景色に憧れている風景を想像してしまう。

つまり、目を閉じただけでは、視覚がもたらす思考や苦しみは避けられないのだ。

また、目を閉じていても周囲にあるものの陰影や外見の余韻は見えてしまう。あなたの内側に入り込んだ見かけは血液の中に侵入したウィルスのように、あなた自身が気づかない間に、いとも簡単にあなたの心に忍び込んで、瞑想の安らぎを脅かす。

こうした外界からの視点の影響を克服するためには、かなり上手に瞑想しなければならない。

目を閉じて瞑想することが役立つときも時にはあるが、瞑想の目的は自分の心を見ることだから、外界の物体を見ることは避けるべきだ。

だから、開眼したまま自分の心に気づけるように、まず自分の目を見ることから始めよう。

自分の声を聞く

瞑想する際には完璧な静寂が好ましいとされている。外界からクレイジーな雑音が聞こえてくると、心の安らぎをかき乱されがちになるからだ。

耳栓で外界の雑音をシャットアウトすることもできる。しかし、耳栓はあなたの内なる雑音までは消してくれず、あなたは耳栓をした途端に、内なる会話に気を取られてしまうことになるだろう。

瞑想に必要な意識の集中を妨げる外からの雑音と内なる雑音は病気のようなものだ。とくに悪質なのは、自分の内なる病気の方だが、それを克服する方法を学べば外界からの雑音も克服できる。

内なる会話がけっして静まらないように感じるのは、私たちがけっして頭を休めないからだ。

自分の内なる会話を止めるには、何かに集中しようとする意識そのものと、勝手にブツブツ喋り続ける「内なるおしゃべりさん」を区別する必要がある。集中力を研ぎ澄ませなければ、私たちの本質には意識は届かず、後に残るのは自分との対話をいつまでも続ける「内なるおしゃべりさん」だけになってしまうのだ。

しかし、意識を集中できれば、内なる会話はストップできる。つかもうとすると消えてしまう虹のように、内なる対話は消え、沈黙の静寂だけが残る。それが私たちの目標だ。

「自分自身の声を聞く」と言うのはそういうことなのだ。

これを毎日、15分ほど試してみてはどうだろう。とくに現実の世界でも心の内なる世界でもゴシップ好きな人には役立つ瞑想だ。

この瞑想はどんな姿勢でもできる。横になっても構わない。最も大切なのはあなたのからだがリラックスしていることだ。

内なる雑音を消す術は、外から聞こえてくる声の雑音にも応用できるが、最初はちょっと大変かもしれない。私たちの意識には声を追いかける習性があるからだ。この瞑想を成功させる鍵は、人々の話し声という雑音も虹のようなもので、本質的には空《くう》に過ぎないと認識することだ。

たとえばバスや電車の中で近くに座っている人たちがあなたにはまったく関心がないことを喋っているシーンを想像してみよう。そんなときには、彼らが喋っていることから意識をそらせば、他人の話し声は単なるバックグラウンドの雑音に落ち着く。

この「意識をそらす」というテクニックを習慣にできたら、あなたが傷つくようなことや、あなたを苛立たせることを口にする人がいても、悪事にあなたを誘う甘言も、本質的には空《くう》だと思えるようになるのだ。

つまり、外界の雑音から意識を遠ざければ、心は影響を受けにくくなる。また、自分の内なる会話に注意を払うのをやめれば、心への影響は減らせる。外界の音も内なる音も本質的には空《くう》であることには変わりがない。「自分の声を聞く」ことに慣れると、そうした気づきが得られる。

「自分の声を聞く」といっても、それは内なるおしゃべりを刺激したり、奨励しろということではない。自分の内なる声を認識し、その声について分析するようにすればよいのだ。

その声はどこから来て、どこに行くのか？
その声とあなたの心にはどんな関係があるのだろう？
あなたの心から生まれたのだろうか？

しかし、もしあなたの心から生まれたのなら、そしてあなたの心が仏性を宿してクリアーな輝きを放っているなら、そんな純粋な心からなぜ、集中力を妨げるような声が出てくるのだろう？

自分の心を体験する

自分の心を体験するためには、まず、リラックスする許可を自分の心に与えてみよう。それから、自分の思考に目を向ける。

海原から生まれる波のように押し寄せる様々な思考は、どのようにしてあなたの心から湧き上がるのか。波が海の一部であるのと同様に、私たちの心に浮かぶ思考は私たちの意識の一部だ。前向きな思考もネガティブな思考もあなたの意識の一部だ。穏やかな波も荒波も海の一部であるのと同じだ。

けれど、心がどれだけたくさんの思考を生み出しても、微細な意識の最も奥深い部分の本質は常に安定している。嵐によって海の表面には荒波が起きても、水面下の海底では常に静寂が保たれているのだ。

海の波は大きな破壊力を発揮することもあるが、放っておけばおさまり、海そのものは平穏を保ち続けられる。

私たちも自分の意識が自ら生み出したことで大きな打撃を受けたりするが、心の安らぎを保つことができれば、意識はそれ以上の苦しみを生み出しはしなくなる。穏やかな海面は鏡のように無数の星を映し出す。同様に、あなたの心が安らかなら、普遍の愛と思いやりを外の世界に映し出すことができるのだ。

恐れることなく自分の心を見ることができたら、仏陀とあなたの間には何の違いもないことに気づける。その瞬間にあなた自身とあなたの意識はひとつになる。言い換えれば非二元（不二）になる。

つまり、苦しみや恐れの原因となる「主体と対象」という二元的な見方から解放されるのだ。

瞬時にして仏性を自分に見いだすことは可能だ。あなたにも一瞬にして達せられる境地を「いまこの瞬間にいる状態」と呼ぶ。一瞬でもこの心境に到達できれば、百万年間修行するより効果的だとお釈迦さまも仰っている。

菩提樹になる瞑想 ――

自分の心を見つめるときには
自分は菩提樹だというつもりで見るとよい。
菩提樹は常に安定を保っているが、成長も続けている。
希望や期待、疑いや恐れといった感情も持たずにいられる。
他人にどう見られようと菩提樹は気にしない。

「菩提樹」と呼ばれようと
「平凡な木」と呼ばれようと気にしない。
つまり期待や恐れといった感情から解放されているのだ。
同時に、自分の心が仏陀になるという期待からも解放され、
地獄に行く恐れからも解放されていれば、
あなたは「いまこの瞬間」にいられる。

いまこの瞬間にいるには

過去への扉と未来への扉は閉ざさなければならない。
私たちの人生は過去から来て未来に向かうから、
自然と私たちの心もそれに従う。
水が一か所から次の場所へ流れるようなものだ。
自分の心がいまこの瞬間にいる体験とは、
水の流れを見ているようなものだ。
川の水源を求めることなく、その行方も探さず
ただ目前の水の流れを見る。
それがいまの瞬間だ。

幸せいっぱいのときにも、すごく悲しいときにも、自分の心を見てみることはできる。そうした感情のありかを探すのだ。

「幸せ」のありかを探し、「悲しみ」の居場所を探す瞑想 ――

幸せはどこにあるのか？　どこなんだろう？

心とは家のようなもので、幸せはその中にいる人のことなのか？

それとも心は水のようなもので、幸せはそこに注がれるミルクのようなものなのか？

それとも、心と幸せの関係は水と水を混ぜたようなものなのだろうか？

または、心は空《くう》で、幸せもまた空《くう》なのか。

心と苦しみの関係も同じように見ることができる。

何かが起きるごとに、心を見るようにしよう。良いことが起きたときも、良くないことが起きたときにも心を見るのだ。

自分が抱いている感情を認識してから、自分の心を見つめて、さらにもう一度、自分の感情を見つめ直せば、それがどう変わったかに気づくだろう。

まず、自分の中にある感情を体験してから自分の心を見てみる。その後に、またその感情を見つめる。すると、最初の反応とはまったく異なる見方で自分の感情を認識することができるだろう。

最終的に、あなたの心が空《くう》とひとつになるまで、自分の心を見つめ続けよう！

自然と心

都会に自然を見いだす

過去数世紀の間に世界中の人々が田舎から都会へ、より大きな都市へと移り住むようになった。主に子供の教育や生活水準の高さなど、「より良い暮らし」を求めてだ。

しかし、そうすることによって、健全な心身の支えとなる美しく豊かな自然から離れてしまった。

都市生活で欲望の一部は満たされたとしても、それと引き換えに何かを失ってしまったような気持ちの悪さを感じている人は少なくない。

それで失ってしまったものを探しに映画館やバーに出かけ、または、インターネットに向かう。

けれど、そこで満足できたような気がしても、残念なことにそれは数時間し

か続かない。

自分が何を求めているかも定かではないのだ。

本当に人々が求めているのは、心の内なる安らぎと美しい環境。それを与えてくれるのは自然だけなのだ。


森の中を散策する。川や海や湖に出かけて釣りを楽しむ。ビーチで日光浴しながらくつろぐ。そんな時間が滋養となり、精神的な安らぎを深めてくれることは、誰もが知っている。

しかし、自然の中で体験する美しさと安らぎは、木々や小川や青い空の持ち物というわけではない。その源は私たち自身の心にあるのだ。このことをしっかりと認識しておく必要がある。

自然の風景は鏡となって、私たちの内なる世界を映し出しているだけなのだ。

ビル街を山河に変える瞑想

山中の川で釣りをするのが好きですか？
それなら、大都市の街中でもこう瞑想すればよい。
立ち並ぶ高層ビルは山脈だ。
大通りは渓谷を流れる河。
道路を行き交う車は魚だ。
あなたが創造した山河の美しさと安らぎに浸ろう。

商店街を森に変える瞑想――

鳥のさえずりを聞きながら
森歩きをするのが好きですか？
それなら、混雑した商店街を歩きながら、
こう瞑想すればよい。

大小の店がひしめく商店街は、
様々な植物が繁茂する森。
行き交う買い物客の話し声も
美しい鳥のさえずりのように
聞こえてくるだろう。

コーヒーショップを花園に変える瞑想 ――

人気のコーヒーショップに行ったら、長蛇の列？
苛立つ代わりに、
並んで待つ間にこう瞑想すればよい。
あなたがいまいるのは美しい庭園。
順番を待つ人々は
それぞれに美しく咲き誇る花となる。

Coffee

窓辺の瞑想 ――

あなたの部屋の窓から日の出が見えますか?
それなら、窓辺にたたずみ、目を閉じて瞑想しよう。
まず、暖かな太陽の光を全身に浴び、さらに、陽光を心にも招き入れる。
しばらく、そのままでいれば、昨日の悲しみや嘆きも溶けて消えていくだろう。

家の中では太陽の光を直接見ることができなくても大丈夫。目を閉じて心の中でイメージすればよい。想像の世界は現実よりもパワフルなことが多いのだ。なぜなら、私たちが五感で現実の世界から受け取れる情報には限界があるが、想像の世界なら可能性は無限だからだ。大切なのは、リフレッシュできる休息の時間を持つことだ。まずは、ゆっくりできる朝を見つけて、あなたの三つの扉のいずれかを開けて、チベット禅の世界に入ってみてほしい。

喜びと幸せを世界に広げる瞑想 ――

ベッドに寝たままでもよい。
起きたばかりでも実践できる。
今日は自分が上機嫌だと感じたら、それを心にしっかりと留める。
さらにその気分がすべての人にも広がるように願う。
あなたのハートから喜びと幸せが輝き出し、
それは宇宙全体に広がっていく。
喜びと幸せがすべての人のからだと心に溶け込む。
すると、今度は彼らが喜びと幸せをあなたに贈り返してくれる。
至福感があなたのからだと心に浸透し、
数十億倍に増幅し、悲しみや心配を感じる隙間はなくなる。
あなたは全身全霊で至福を感じる。

これはとても大切な修行だ。喜びは幸せを生み、悲しみや嘆きは不幸を生むからだ。

チベット禅の修行では、あなた自身があなたの主治医になり、あなた自身が自分のセラピストになる。

あなた自身があなたの内なる太陽や青空、美しい山や広大な海になる。

あなた自身が仏陀になるのだ。

五大元素の瞑想

地球の自然の五大元素

私たち人間は肉体的にも精神的にも地、水、火、気、空《くう》という地球の自然の五大元素なしには存在できない。

この五大元素の重要性についてはあなたも子供の頃に学校で学んだかもしれない。だが、人の心と五大元素の関係について深く考えたことがある人は少ないだろう。

あなたの内なるエネルギーを開発するには五大元素がとても大切な役割を果たす。そうしたことが分かるのが、五大元素の瞑想だ。

自然の五大元素は偉大なる五人の師となりあなたを導いてくれる。その五人の師をチベット禅を通じてご紹介していこう。

「聖なる大地の師」、「尊い水の師」、「畏れ多き火の師」などとお呼びするにふさわしい師たちだ。

真に尊敬し師事できる人間の師に出会えることは少ないし、教えを受ける時間も確保しにくいかもしれない。師の教えがいまのあなたにとっては高度過ぎる場合もあれば幼稚過ぎる場合もあるだろう。それに、人間の師は常にあなたのそばにいてはくれない。

一方、自然の五大元素から学ぶチベット禅なら、五人の師はいつもあなたのそばにいてくれる。あなたが生まれてからずっと、あなたの息と同様にひと時も休まず、生涯を通じてずっとあなたに寄り添ってくれている。

自然の五大元素には実は外、内と秘密の次元がある。それはあなたの瞑想が上達すれば分かるようになる。

母なる大地に帰依《きえ》（注）する

まず、あなたがいまいる場所に注意を向けてみよう。
そこは美しい庭園だろうか？
あなたは地に足をつけているのだろうか？
芝生の上で横になっている？
それとも地べたに座っている？
大地の匂いは感じられる？
それとも、あなたは道を歩いているのか？
森の中をハイキングしているのか？
自分の足の下にある大地との一体感は感じている？

（注）拠り所にする

母なる大地の尊いからだに自分が支えられていることを
あなたは認識しているのだろうか？
太古の昔から人類に滋養を与えてくれてきたのは彼女なのだと、
あなたは理解しているのだろうか？

ひと時、立ち止まり、水の中に最初の細胞が出現した数十億年前の母なる地球に想いを馳せてみよう。それからずっと、母なる地球はすべての生き物を支えてきてくれたのだ。

生き物が地球に生まれた最初の一瞬から、彼女は限りなく偉大な慈愛の精神で私たちを愛し、赦してきた。飛行機に乗って空を飛んでいようが、船で海を渡っていようが、ビルの百階にあるオフィスの片隅で働いていようが、あなたは常に彼女の愛に抱かれている。

住んでいるのがどんな場所でも、立ったり座ったりしていても、常にあなたは母なる地球のハートと直結しているのだ。

ほんの束の間でよいから、その場にしゃがんで目を閉じて、手を伸ばして彼女のからだに触れ、あなたの心からの愛を送ろう。

大地の鼓動を感じる瞑想——

母なる大地にじかに座るか横たわり、目を閉じる。
彼女のハートの鼓動を感じる。
彼女の愛と赦しがあなたの心身を満たす。
あなたも母なる大地と同じくらい安らかになる。
彼女の歓喜であなたは満たされていく。
母なる大地と一体となったあなたは
海、山々や無数の生き物を心の懐に抱く。
すべての生き物に滋養を与える喜びと
人智を超えた安らぎを、あなたもからだで感じる。

すべての生き物の幸せ、喜び、安らぎ。
その鍵を握るのはあなただ。
だから、愛と思いやりを自分の内に育てるのだ。
それを常に認識しながら、
思いやりの心で生きていこう！
さあ、自分に向かって、こう唱えよう。
「私は地球に帰依します」
口に出して言ってもよいし、
心の中で誓うだけでもよい。
母なる大地との一体感が続く限り、
そう唱え続けよう。

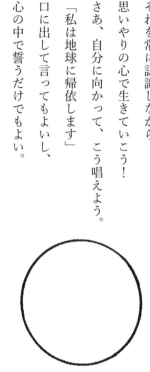

清らかな水から学ぶ

白い雲がところどころに浮かぶ青空。
水平線に向かって流れていく風。
浜辺を歩くあなたの素足にそっと寄せる波。
あなたのまわりでは人々が日光浴を楽しみ、
子供たちが砂のお城を作って遊んでいる。
そんなときには、数分間でよいから、
瞑想の姿勢で座ってみてほしい。
または砂浜に横になり、美しい水を見つめてみよう。
次に、その光景を心の中で綿密に描く。
水のしずくのひとつひとつが

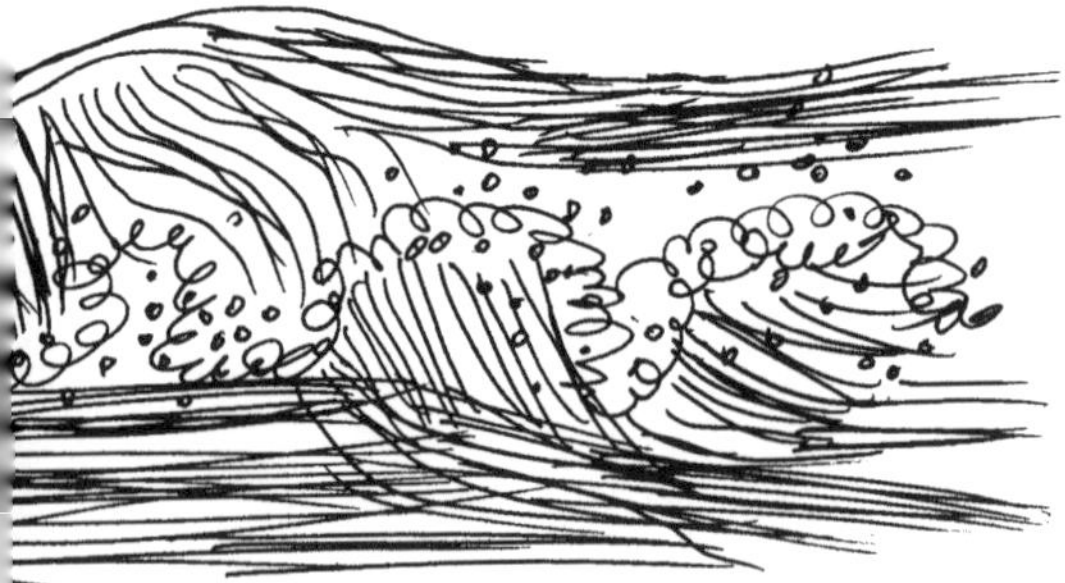

無限の美でできていると考えよう。
そして、喜びに満ちた海の声が
あなたの心に聞こえてくる。
無数の美のしずくが完璧な安らぎと清らかさで
あなたの心を満たしていく。
あなたが自分の心の海に浸っている間にも、
あなたのまわりでは、人々が遊び、日光浴している。
その人たちもあなたと一緒にその場を楽しんでいる。
そんな光景を心に描いている内に。
あなたの愛と思いやりは、
海のように広大で深いことが分かる。
そしてその愛と思いやりが
いにしえから存在していたことにあなたは気づくだろう。

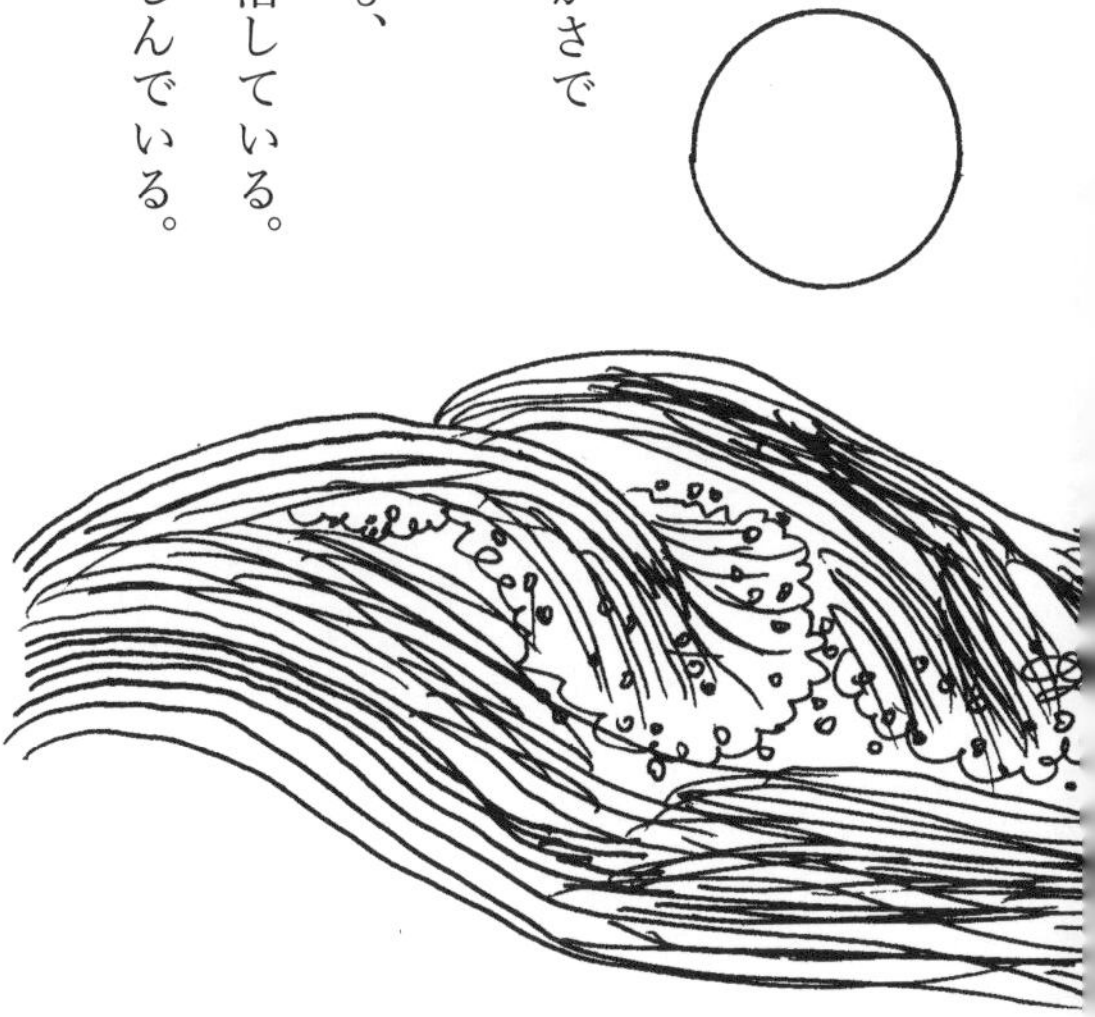

コップの水の瞑想 ――――

海など見えない都会で部屋の中にいるなら、
コップに水を入れて目の前のテーブルに置き、
しばらくの間、その水に想いを馳せればよい。
水の純粋さ、透明さ、コップの内なる穏やかさと安らぎ。
そうした資質をあなたの中に取り込み、
水と同じ資質があなたの心にもあることに気づくのだ！
ひと口かふた口、ゆっくり水を飲んでみる。
あなたの心の透明さと純粋さを実感するのだ。
次に、部屋全体がコップで、あなたはコップを満たす水になる。
清らかな水の静謐《せいひつ》を感じる。
そこに映るのは、あなたの心の静かなきらめきだ。

川辺の瞑想――

川に行くことがあれば、川辺にしゃがんで、
川の水の流れに目を向けてみよう。
自分の心も川のように流れているようにイメージする。
川の流れと一緒に数千キロの旅に出よう。
その流れは時には穏やか。時にはほとんど動かない。
障害を避けて迂回することもある。
滝となって崖から落ちることもある。
村や一帯に広がる畑、山々や巨大な都市。
通り過ぎる様々な景色を楽しもう。
その間にも船は目的地に向けて荷を運び、
子供たちは水なるあなたの元に飛び込んで泳ぐ。

川岸でお母さんが家族の服を洗っていたら、そっと通り過ぎよう。
そのそばで遊んでいる小さな子供たちが怯えないように。
地元の人が川の水でからだを洗っているかもしれない。
彼らにとってはあなたが天からの授かりものだからだ。
だから、彼らのネガティブなカルマをすべて清めてあげよう。
お母さん鹿が子鹿を連れて川を渡ろうとしていたら
鹿の一家が渡りきるまで、そっと流れよう。
蝶があなたの川に落ちてしまったら、
岩に向かって優しいしぶきをあげて、蝶を自由にしてあげよう。
畑仕事をする人たちがあなたの流れを変えようとしたら、
彼らが植えた種がすべて芽吹くまで、水に浸してあげよう。
村の長老たちが川辺で話していたら、沈黙しよう。
その人たちの会話の邪魔にならず、

そしてあなたにも
長老の言葉が聞こえるように。
やがて、日が暮れ、闇が訪れる。
流れ続けるのに疲れてきたら、
星空を毛布に眠ろう。

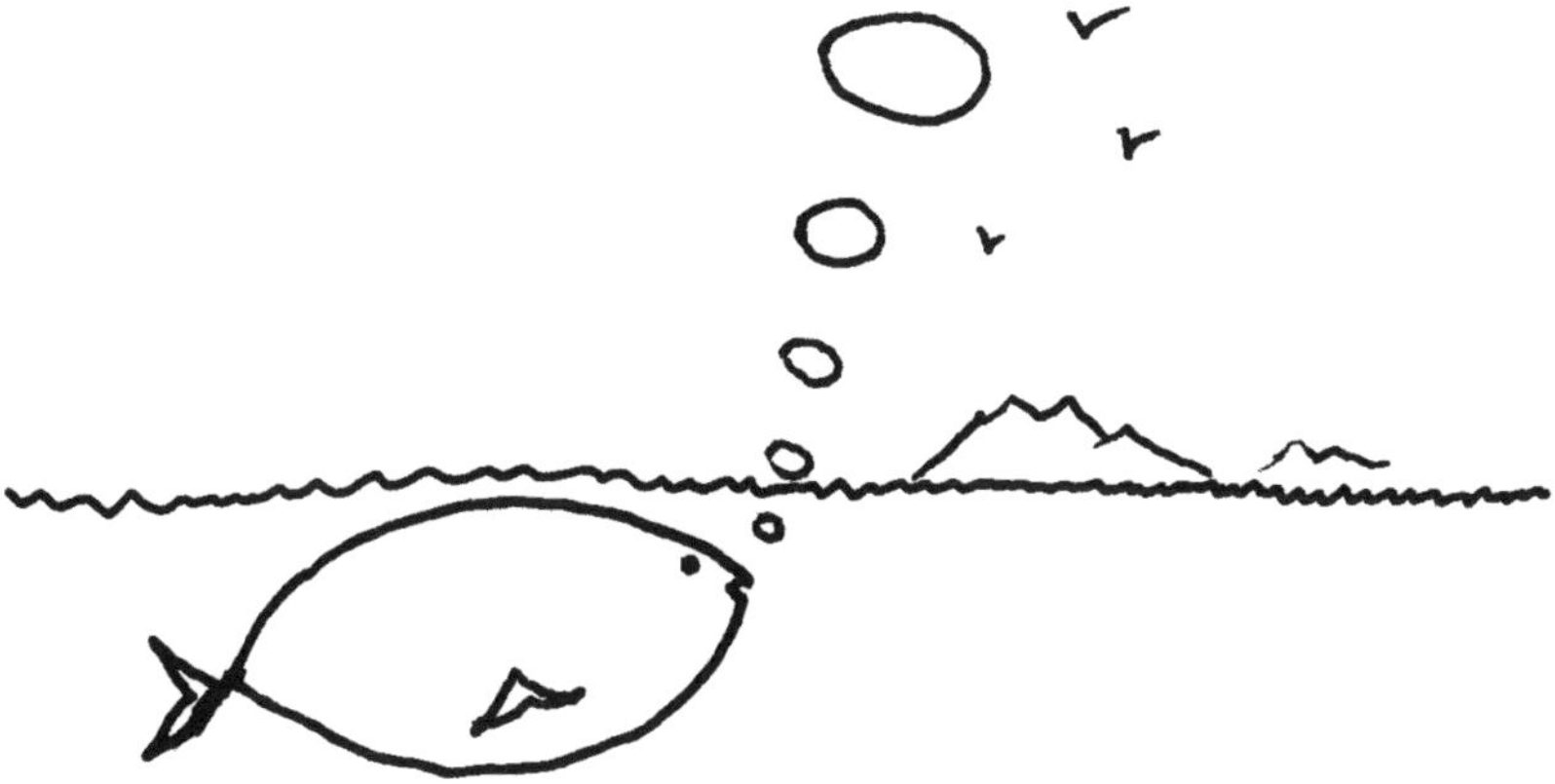

雨粒になる瞑想 ——

水の瞑想は家の中でもできる。
好みのお茶かコーヒーを用意して、
座るか横になり、リラックスする。
仏陀になったつもりで、何も心配しない。
窓の外から急に雨音がしたら、
束の間目を閉じてその音に耳を傾けよう。
窓になった自分の上を
数百数千の雨粒が流れるところをイメージしてみる。
次にその一滴一滴が喜びと幸せを届け、
すべてのネガティブなものを溶かしてくれる
母なる自然の聖なる甘露だと想像する。

真の幸福が感じられるまで続けよう。
次に、母なる自然の聖なる甘露と一体になったと感じられるまで
自分自身を雨音の中に溶け込ませていく。
あなたは外の世界に降り注ぐ雨になる。
そして、そこらじゅうに喜びと幸せをもたらすのだ。
人も他の動物も植物も
生命を輝かせる潤いの祝福をあなたから授かる。
インドのニューデリーのように埃っぽい都市や
猛暑にあえぐアメリカのフェニックス、
雨不足に悩むエチオピアやゴビ砂漠などを見つけたら、
雨を降らせ、人々を清め、生き返った気分にしてあげよう。
子供たちが通りで踊りだし、畑が緑に変わるように。

火がもたらす変革

朝日が窓から差し込むお天気の日。
日向に座るか、できることなら歩いて外に出て、
木のそばで陽射しを浴びて座ろう。
まず、草や花や木の葉を見て、
どれだけ彼らが陽射しを楽しんでいるかに想いを馳せる。
さらに日向にいる鳥や虫やその他の生き物のすべてが
どれだけ陽光を楽しんでいるかを考えてみる。
ご近所の人々やあなたの友人が仕事に出かける途中
または庭の草木に水を播きながら、
どれだけ日光浴を楽しんでいるかを想像する。

すべての植物や地球上の生き物に想像を広げよう。
誰もが陽射しを楽しむ様子をあなたのハートの中で体験しよう。
それから目を閉じて、
陽光があなたのからだに溶け込む感じを楽しもう。
その光の熱があなたの内なる汚れや疑いを焼き尽くし、
からだ全体が光で満たされていく。
あなたのからだは歓喜と至福に満ちた虹のからだになる。
次にその至福の体験を
地球のすべての植物や生き物と分かち合うのだ。
ここであなたはこう尋ねるかもしれない。
「この体験をどうやったら分かち合えるというのか？」
あなたの光のからだは空を航行し太陽と一体になる。
その太陽は普通の太陽ではなく、

スピリチュアルなパワーの輝きだ。
その光が降れば、
生き物はあらゆる苦しみから解き放たれる。
ウツや淋しさ、 悲しみや怒りは焼き尽くされ、
子供を愛する母親のような慈しみと愛で
すべての生き物は満たされる。
あなたの光に触れた草はみな薬草となり、
素晴らしい香りを放つ。
無限に広がる色彩が地球を満たし、
その陽光が一筋ごとに天空の音楽を奏でる。

そんな深遠な体験ができるまで、
この瞑想を続けよう。

冬の火の瞑想 ――

冬には暖炉の前で瞑想するのもよい。
焚き火や炎が見えるストーブ、
またはキャンドルに火を灯してもよい。
お茶かコーヒーのカップを手にして
揺れる炎を楽しめればよいのだ。
そしてあなたの中にあるネガティブな感情が
炎に吸い込まれ燃え尽きる様子をイメージする。
怒りやウツ、嫉妬など、
あなたを最も苦しませていることに意識を集中する。
とくに自分のエゴを手放そう。
エゴはすべてのネガティブな感情と苦しみの根源になるからだ。

手振りでジェスチャーしたり
印を使うとやりやすいかもしれない。
まず、自分のエゴを手で取り出し、
息を吐きながらその手をからだから遠ざけ、炎に投げ込む。
そして、炎に向けて手をのばし、息を吸い込みながら、
幸せ、喜び、愛、思いやりと智慧を炎からあなたの中に取り込む。
次に自分がすべての生き物になったとイメージする。
印の結び方をご存知なら、上に向かって手を押し出す印で
苦しみのすべてを焼き尽くそう。
次に印を変えて、幸せ、喜び、愛、思いやりと智慧を
すべての生き物に送るのだ。
この瞑想で大切なのは
愛と思いやりのパワーを存分に発揮することだ。

新鮮な気を巡らす

私たちは生きている間、一瞬たりとも空気、とくに新鮮な空気を欠かすことができない。どんな伝統文化でも息の吸い方と吐き方を重要視してきたのは、それが落ち着きと自己実現への道となるからだ。

チベット禅にも独特の呼吸法がある。それは、人が呼吸する空気には粗い風、微細な風、超微細な風という三種類の風があるとするチベット仏教医学の考え方に基づいた呼吸法だ。

粗い風の呼吸は外界から周囲の空気を吸い込むときの呼吸だ。この風には他人や他の動物、植物、ゴミから排気される無数の粒子が含まれている。

この粗い風は直接、あなたのからだに有益な、または有害な影響を与える。もちろん、あなたが息を吸えば、選択の余地なく新鮮な空気も汚れた空気もあなたの肺に吸い込まれる。

が、外で落ち着いて座っていられるときには、自分の呼吸に意識を向けて瞑想してみることもできるのだ。

粗い風の瞑想——

息を吸い込んだら数秒間息を止める。
新鮮な気があなたのからだ中に届き、
すべての細胞にエネルギーを与えているとイメージする。
息を吐くときには吐息と一緒に
すべての病気や汚染が吐き出される。

粗い風に清められ
あなたの心身はリフレッシュされていく。

毎日、呼吸を数えながら少なくとも21回呼吸、この瞑想をすれば、よりヘルシーな心身が維持できる。

微細な風の瞑想 ――――

部屋の中で椅子に腰かけるか
座布団の上に座り背筋を伸ばす。
おなかの前で左手の手のひらを上に向け右手を重ねる。
親指どうしを触れ合わせ、瞑想の姿勢をとる。
目も口も閉じて、3分間ほどリラックスする。

それまでの出来事やその後の予定を考えるのをやめ、
いまの瞬間にしっかり浸る。
それから、とてもゆっくり息をして
肺がいっぱいになったら口内の唾液を飲み込み、
吸った空気をおへその下まで押し下げる。
10秒間ほど息を止める。
次に、まずはゆっくり、次により速く、
また、ゆっくり息を吐きながら、
自分の中のネガティブなものがすべて
黒い煙になってからだから出ていき、
五大元素の中に消えていく様子をイメージする。
次には鼻から息が入るのが聞こえるように強く息を吸い、
再び10秒間ほど息を止めてから、三拍子で息を吐きながら、

すべてのネガティブなものが
黒い煙となってからだから出ていく様子をイメージする。
この清めの呼吸を3回繰り返す。
必ず音が聞こえるほど激しく息を吸う。
3回呼吸し終わったら、
いまのこの瞬間に意識を戻し、
5分から10分間ほど普通の呼吸をしながら瞑想を続ける。

超微細な風の瞑想――

微細な風の瞑想と同じ姿勢で座る。
はじめは、ただリラックスする。
何にも注意を払わない、自分の呼吸にも気を使わない。
次にあなたの心の中に白い部屋があり、
それが毎秒数十億回の猛スピードで回転し続け、
そこから超微細な風が生まれて
からだ中に広がっていく様子をイメージする。
この風には次の三つの資質がある。
それはとても細かく微細だ。
それには計り知れない至福が含まれている。
そしてその本質は空《くう》だ。

あなたの身口意がその超微細な風に溶け込んで風と一体となる。
つまり、あなたがその風になる。

超微細な風の三つの資質がしっかり感じられるまで5分間以上、この観想を続けよう。

この瞑想の最中には泣き出したり、笑い出したり、からだの震えが止まらなくなる人もいる。それはよくあることなので心配はいらない。超微細な風の効果があったしるしだ。

時には師がこの瞑想中の弟子たちに向かって、とても大きな声で「ペッ」と叫ぶことがある。

師がその叫びと共に送り出す風はビックバンのように炸裂し、宇宙全体に広がっていく。そして、すべての生き物に届き、ネガティブなカルマを清める。そのときにはすべての生き物の身口意も、彼らが生きる世界も、水面に落ちては溶ける無数の雪片のように、風の中に消えていく。

時間と空間さえも消えてしまい、その後の宇宙に残るのは超微細な風だけだ。

この「ビッグバン」の炸裂を10分間以上、イメージする。もし周囲に見える物や聞こえる音が邪魔なら、目を閉じてもよいし、耳を塞いでもよい。

こうした瞑想で大事なのはあなたの身口意。とくに、あなたの心を穏やかに安らかに保つことだ。

空《くう》になる

できるなら、どこか天空が見える屋外で
瞑想の姿勢をとり、
数分間、からだと心を落ち着ける。
次にまっすぐできる限り遠くを見る。
何か特定のものを見るのではなく、
空《くう》と一体になる。

郵便はがき

恐縮ですが切手をお貼りください

101-0051

東京都千代田区神田神保町3-2
高橋ビル2階

株式会社 ナチュラルスピリット

愛読者カード係 行

フリガナ		性別
お名前		男・女

年齢	歳	ご職業	
ご住所	〒		
電話			
FAX			
E-mail			
お買上書店	都道府県	市区郡	書店

ご愛読者カード

ご購読ありがとうございました。このカードは今後の参考にさせていただきたいと思いますので、アンケートにご記入のうえ、お送りくださいますようお願いいたします。

小社では、メールマガジン「ナチュラルスピリット通信」(無料)を発行しています。
ご登録は、小社ホームページよりお願いします。**http://www.naturalspirit.co.jp/**
最新の情報を配信しておりますので、ぜひご利用下さい。

●お買い上げいただいた本のタイトル

●この本をどこでお知りになりましたか。

1. 書店で見て
2. 知人の紹介
3. 新聞・雑誌広告で見て
4. DM
5. その他（　　　　　　　　　　　　　　　　）

●ご購読の動機

●この本をお読みになってのご感想をお聞かせください。

●今後どのような本の出版を希望されますか？

購入申込書

本と郵便振替用紙をお送りしますので到着しだいお振込みください（送料をご負担いただきます）

書　籍　名	冊数
	冊
	冊

●弊社からのDMを送らせていただく場合がありますがよろしいでしょうか？

□はい　　□いいえ

この空《くう》の瞑想を12分ほど続ける。
空《くう》に集中できず
他のものが見えたり聞こえたりする場合には
それが自分の目前の空《くう》に
消えていく様子をイメージする。

あなたの目前の空《くう》と
あなたの心が一体になったら、
その空《くう》を宇宙全体にまで広げていく。
安らぎと至福の感覚に包まれたら、
それが続く限り瞑想を続ける。

空《くう》の瞑想をしやすくする方法が他にふたつある。ひとつはあなたのからだの体験を概念上のレッテルから解放することだ。

たとえば、自分の手を見つめながら「自分のもの」、「手」、「肌」といった、手に関連する概念を手放すように努力する。

自分の手を凝視しながら、それだけ単独で存在する物は何もない、と考える。手も独自の存在ではなく、皮膚と肉と骨でできていて、皮膚や肉も骨も、多くの異なる種類の細胞から成る。細胞もそれぞれが複雑な分子構造でできている。つまり、すべては、様々な要素が特定の外的条件のもとで一緒になっただけの、仮の存在なのだ。

私がいま使った「皮膚」や「骨」といった言葉でさえ意識によって構築されたもので、真に独自に存在する何かを示しているわけではない。

空《くう》の瞑想の助けとなるもうひとつの方策は、自分の心を見つめることだ。

ふだん、私たちにとっての心は頭蓋骨の中にある限定的な空間かもしれないが、この瞑想では、心と空《くう》との違いがなくなるようにする。
心は無限に広がっているものだとイメージする。この瞑想は屋外で晴れた夜空の下でできればベストだ。

晴れた夜空の瞑想 ――

夜空を見上げて星を見る。
宇宙に渦巻く星雲のすべてが
あなたの心の内の無限のスペースに
漂っているとイメージする。
膨大な宇宙の視点から見れば
あなたの人生で最も大きな負担となっている問題でさえ、
原子ほどの微細なものに見えてくるだろう！

あなたの無限の心を
そんな些末なものに邪魔させるわけにはいかない。
土埃を吹き飛ばすように、消してしまえばよいのだ。

あなたの心が真に無限だと感じられるまで、この瞑想を続ける。そうすれば自分のからだ、車、家なども些末であることがしっかり実感できるはずだ。想像するのが難しければ、ネットで宇宙の広大さと偉大なる輝きを伝えるビデオを探して見ればよい。

宇宙の視点からみれば、あなたの母親役をしてきたエゴも、その子供である怒り、執着、嫉妬、心配やウツも、どんどん小さくなって、消えてしまうだろう。

この瞑想を5分から10分間続けたら、いま見た「映画」を逆再生しているようにイメージして、あなたの心の焦点を日常生活に戻そう。

日常の「現実」に戻ったら、あなたの心にある一番の苦悩を取り出し、それを吐き出して無限のスペースに放つ。

たとえば、自分はエゴが強すぎると感じたら、それをどんどん、すべての限界も越えて広げていき、手放す。あなたが強い怒りを感じているならそれも同様に広げていって手放す。

私たちのエゴや怒りは幼児のようなものだ。あなたが構わずにいたり、忘れていたら、機嫌を悪くする。泣いてみたり、あたりを散らかしたり、あなたのコンピュータの上にミルクをこぼしたりもするだろう。

しかし、あなたが抱き上げてあやせば、落ち着き、微笑み、ハッピーになる。

基本的には、特定の原因と条件が重なったときにのみ、あなたの心に苦しみが浮かぶのだ。原因と条件がなければ、苦しみは存在できない。チベット仏教の経典にはよく書かれているように、苦しみはそれ自体としては存在せず、究極的には空《くう》なのだ。

たとえば、あなたが拍手すれば、私たちが「拍手」と呼ぶ音が生まれる。しかし、両手がなく（原因）、両手を合わせるという行為（条件）をしなければ拍手は生まれない。

私たちが心を無限に広げれば、苦しみを生み出した原因と条件も、その生まれ故郷である空《くう》に消えてしまう。

私たちの心は本質的には無限の空《くう》だが、同時にパワフルな魔術師でもある。怒りや心配その他の情熱と外界の物事から「幻想の都市」を作り、それが現実だとあなたに思わせることができるのだ。

しかし、魔術師のステージもその舞台裏に行ってみれば、ごく簡単なトリックに自分が騙されていただけだったことが分かる。

同様に、あなたの心とそこにある苦しみも「智慧の目」で見つめ直せば、魔術師が作った幻想は消える。

では、チベットに伝わる魔術についてのお話を紹介しよう。

「魔法の茶碗」

昔むかし、ふたりの兄弟がいた。
兄はとてもパワフルな魔術師だった。
ある日、ふたりでお茶を飲んでいたときに
魔術師は弟からその魔術の力を見せてくれと言われた。
「まったくの幻想に過ぎないが、
それでお前はひどく傷つくことになるぞ」
と魔術師は言った。
それでも弟は諦めず、魔術を見せてくれと兄にせがんだ。
そこで魔術師は「そのお茶碗をよこせ」と言い、
弟が飲んでいた茶碗を手にし
あるマントラを唱えてから、その茶碗を弟に返した。

「さあ、お茶を飲んで」
一口お茶を飲んだ弟は突然、馬のいななきを聞いた。
見上げるとサドル（鞍）をつけた美しい雄馬がいた。
驚いた弟は、さっそく馬にまたがり手綱をとった。
すると馬は弟を乗せて走り出した。
数時間後に馬に乗った弟はどこかの村に着いた。
とてもお腹がすき、喉も渇いたので近くの家のドアを叩いた。
美しい若い娘が出てきて、中に招き入れてくれた。
そして、おいしい食事と麦のビールを出してくれた。
部屋の中を見回すと、隅に老婆がいた。娘の母親だった。
弟が挨拶すると、よかったら泊まっていけ、と勧められた。
一夜あけ、弟は自分がその美しい娘に恋していることに気づいた。
うれしいことに老婆は娘と結婚してもよいと言ってくれた。

ふたりは結婚し、弟はその村に何年も留まった。
その間にふたりの美しい子供もできた。
が、やがて恐ろしい戦争が起こり、村は敵に占領されてしまった。
村の男たちは奴隷にされ、女子供は皆殺しで、村中の家が焼かれた。
弟は義母が処刑される様子を見せられたが、
ふたりの子供を馬から吊り下げた袋に隠し、
妻と逃げることができた。
しかし大きな川に行く手を阻まれてしまった。
背後では馬に乗った敵が「奴らを殺せ！」と叫んでいた。
先に子供を隠した馬を向こう岸に連れて行くから、
川岸で待つように、と弟は妻に言った。
やっとの思いで川を渡った弟は
恐れ震えている子供をそこに残し、

「すぐにお母さんを連れて戻るから」と言った。
そして川を途中まで戻りかけたところで、
追ってきた敵が妻を殺すところを見てしまった。
同時に子供が叫んだので振り向くと、
狼の群れが子供に襲いかかろうとしていた。
「やめてくれ、やめてくれ！」
「いま助けに行く！」と叫んだが手遅れで、
今度は狼が子供を八つ裂きにする様子を見せられた。
「もうおしまいだ。ここで死にたい！」
と弟は思い、泳ぐのをやめた。
そして沈み始めたが、頭が水面下に消える瞬間に
目前に茶碗が見えた。
よく見慣れた茶碗だ！

驚きのあまり、弟は水中から顔を上げ、大きく息をした。

目の前には兄がいて笑いながら言った。

「俺の魔術はどうだった？」


この話のメッセージはシンプルだ。

「錯覚の街」から逃げ出せるまでは、その街で起こるすべてのことが現実のように感じる。

だから、それが大きな苦しみをもたらすのを止められないのだ。

空《くう》になる瞑想 ——

ほんの束の間にできる短い瞑想もある。
静かな場所に座り、
目の前の何もない空間を見つめてみる。
あなたの心が落ち着き、安らげたら、
その気持ちに5分間ほど浸ろう。
そして、ゆっくり息を吐きながら、
自分の心が目の前の空間に溶け込み始め

やがて空《くう》と一体になる様子を想像する。
ゆっくり息を吸い始めると、
空《くう》があなたのからだの中に消えていく。
次に息を吐くと、
残っていたからだの感覚が流れ出す。
清らかな水が
清らかな水に溶け込むように
空《くう》に消えていく。

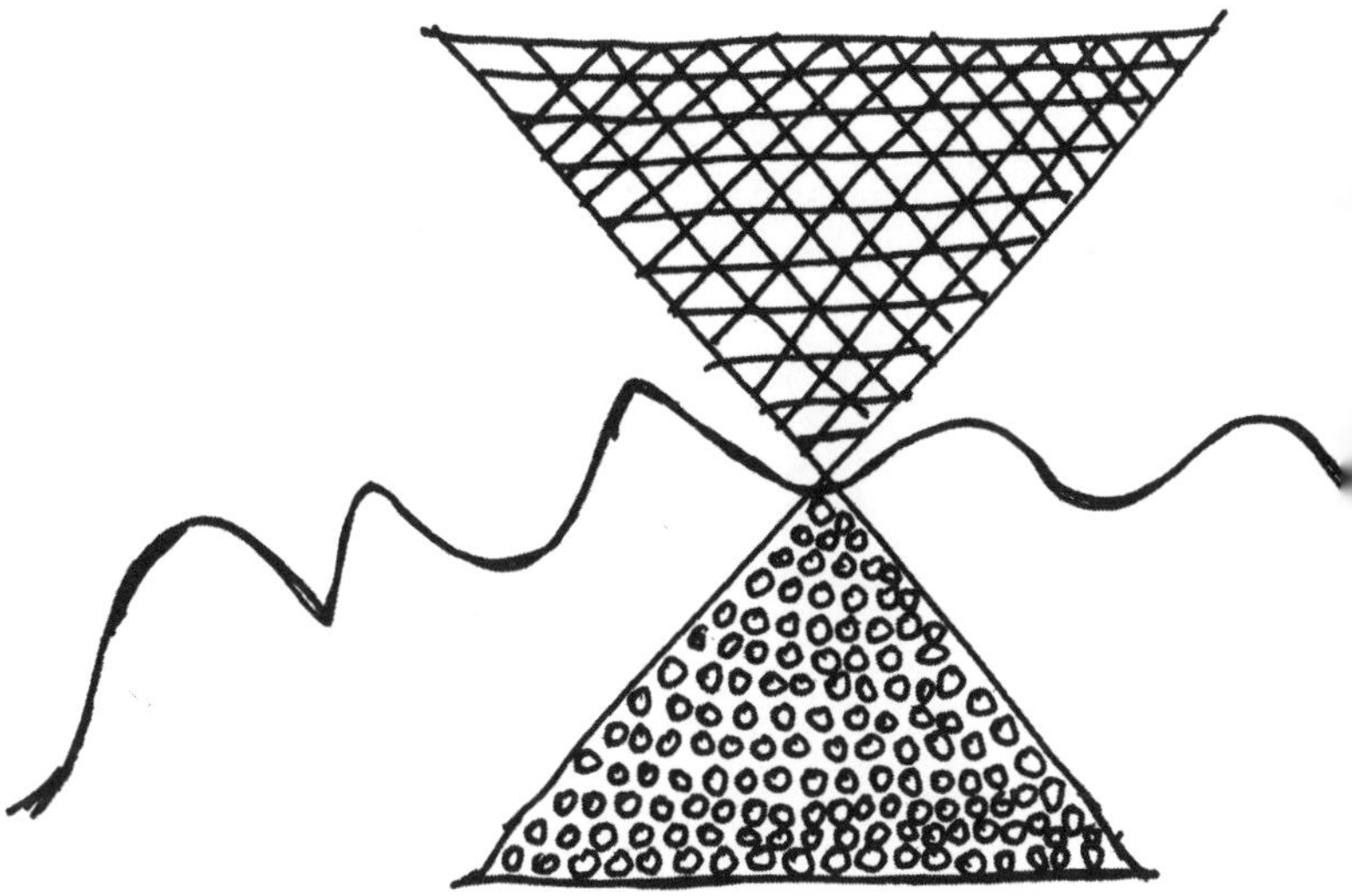

この瞑想をするときにはからだの感覚を刺激しないように、筋肉をひとつも動かさないようにする。

音楽その他、気が散るものも避ける。外の雑音が気になるなら耳栓をする方がよいかもしれない。

この瞑想によって空《くう》に至り至福を感じられることもあるが、それに執着しないように気をつける必要もある。

瞑想の最中には、前向きな想いもネガティブな想いも浮かべないようにする。何にも意識を向けないのが空《くう》の境地なのだ。

怒ったり心配したり、落ち込んだり、ふだんの生活で心に湧く感情をリアルなものとして体験することが私たちの癖になっている。それらが大きな苦しみをもたらすもとなのに、そうした感情にしっかりしがみついてしまうのだ。

しかし、この瞑想をすれば、アルコールや薬、高額なセラピーに頼らなくても、様々な感情がもたらす苦しみをそっとやさしく手放すことができるようになるだろう。

苦しみに囚われている間、救急診療を求める患者のようにあなたの心は乱れている。それを治す唯一の特効薬となるのが瞑想だ。

薬やアルコールは単なる痛み止めに過ぎない。痛む心を少しは麻痺させてくれても、病気自体は治せない。

アルコールや薬で自分を見失ってしまう人が多いことからも分かるように、ペインキラー（痛み止め）はキラー（殺し屋）だ。

そんなものに健康なからだと安らかな心を破壊され、やがては生命そのものを消されてしまわないようにしよう！

五感の瞑想

五感の快楽

毎日の暮らしからも分かるように、人の存在を維持するのは大変だ。屋根があるところに住み、食卓に食べ物を載せるといった物理的なニーズを満たすために私たちは必死に働く。さらに、家をよりきれいにしたい、おいしいものを食べたいと努力を重ねる。

そのうえに、精神的な気苦労もある。快適な生活をどうしたら維持できるかが心配で、常に何かを失うことを恐れているのだ。

仏教の経典いわく、「五感の快楽を諦めないと、その奴隷になってしまう」

しかし、チベット密教には智慧を授かるために五感の快楽を活用して行う修行法もある。チベット禅でも五感を人生の導き役にする。

簡単にできるシンプルな五感の瞑想を試してみてほしい。

かたちを瞑想する

たとえば、お花が好きで家にいつも切り花を飾っているなら、
きれいなお花が活けられた花瓶を目の前に置いて瞑想すればよい。
フレッシュで美しい花が、きれいに活けられていることが必要だ。
花瓶はできれば陽のあたるところに置く。
まずはその前に座り、2、3分の間あなたの心を落ち着かせ、安らがせる。
それができてから、今度は意識を花に集中する。
ただ花の表面を見るだけではない。
蜂になったつもりで、花の中に入り、
触感でその花を感じ、その香りを楽しむ。
母親に抱かれて完璧な至福感に浸っている赤ちゃんのように、

花の中にいる歓喜に浸る。
できるだけ長くその状態を保ってから、
それを体験している自分自身の気持ちについて考えてみる。
「この素晴らしい気持ちはどこにあるのだろう？」
と自分に尋ねてみるのだ。
私の気持ちはこの花の中にあるのか？
私の心の中にあるのか？
それとも、私のからだの中にあるものなのか？
私の目の中にあるものなのか？
私と花の間にある空間にあるものなのだろうか？
やがてあなたは、その気持ちが
すべての要素の関わりから生まれたことに気づく。
仏教ではこれを原因と条件の出合い（因縁）と呼ぶ。

あなたが探求し続けていれば、
花は花自体として存在するわけではなく、
種、土、水、陽の光と空気といった特定の条件と
原因が出合ったことで生まれたのだと気づく。

あなたが花を楽しんでいる間には、
怒り、敵対心、嫉妬その他、すべてのネガティブな感情は消え、
あなたにとって存在しなくなっている。
この状態では、花瓶の花があなたにとっての仏陀だ。
花が持つ鮮やかな色があなたにとっての仏法《ダルマ》で、
その葉っぱがあなたの僧伽《サンガ》だ。
花瓶の花が示すように
すべての現象が関わり合っていて、すべてが無常なのだ。

次に、目の前にある花のひとつをより詳細に見てみよう。
花弁の中にある雄しべを見てみる。

それはいくつあるのか？
その形は？
色は？
花の色はなぜオレンジ色と黄色の中間の特別な色になるのだろう？

そうしたことをつらつら考えている間には、
心はネガティブな苦しみへの執着を忘れているだろう。

美しい花になる瞑想 ―――――

次に自分のからだが美しい花だとイメージする。
あなたの足が根っこで、胴体が茎で、
腕と手が葉っぱで、頭が花だ。
あなたの幸せに満ちた微笑みは花びらの色。
あなたのふだんの暮らしは陽射しで、
あなたの家族や友達は飛び交う蜂や蝶だ。
現世におけるあなたの使命は、
美しい人生を楽しみ、
愛する人たちのために花咲くことなのだ。

自然を瞑想する ――

あなたが、きれいな自然の中にいるのなら、
そこでこの瞑想をすればよい。
自分は家の中の花瓶の花だと
イメージしたのと同様に、
ビーチにいるなら、そこに座り、
自分は海で、
決して途切れることなく
浮かび続ける想いは
海の波だとイメージしてみる。
または、あなたは広大な青い空で、

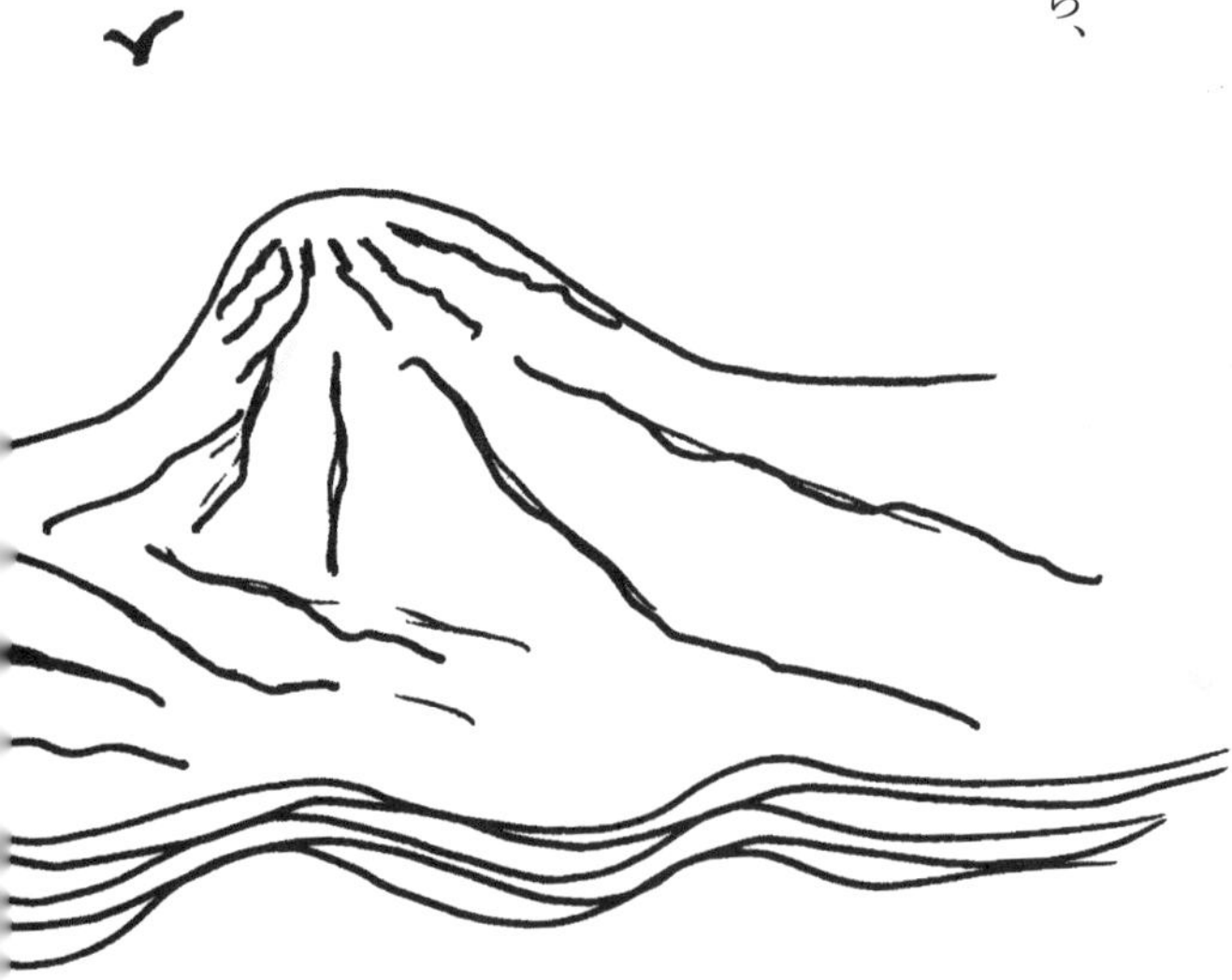

あなたの想いは、浮かんでは留まり、
やがては消えてゆく雲だとイメージする。
山にいるなら、あなたは山で、
あなたの想いは
山の斜面をまとう木々だとイメージする。
夜になれば、あなたは暗闇の空になり、
あなたの様々な想いは瞬く星々となる。
美しい湖畔にいるなら、
あなたの心は静謐な湖面だと想像しよう。
あなたの想いは水面下を行き交う魚のようなものだ。
朝の散歩に出かけるときには、
あなたの心は爽やかなそよ風になる。

森の中を散策するなら、
あなたの心はしぶきを上げて川に流れ落ちる滝になる。
雨が降っている？
それなら、あなたの心は雨上がりの美しい虹になれるだろう。
砂漠に行くのが好きなら、あなたはなだらかな砂丘で、
あなたの心は遠くに浮かぶ陽炎《かげろう》だ。
あなたに幼い子供がいるなら、
自分も幼い子供のひとりだとイメージしてみる。
そうすれば、あなたの心は
子供の溌剌とした目のように輝く。

こうした瞑想に慣れたら、あなたのからだを構成するすべての原子がきれいに咲き誇る花だとイメージしてみよう。

花と一体になる瞑想 ——

あなたの好みの花、たとえばチューリップ、薔薇、蘭などを
自分の目の前に置く。
前述の花の瞑想のときのように、
まずは、その花をしっかり見つめる。
次に、その花があなたのからだに入り、
あなたと一体になるようにイメージする。
それから、あなたのからだを構成する細胞の
原子のひとつひとつが花でできているとイメージするのだ。
自分は数億、数兆の花が咲き誇る花園だという
純粋な歓喜に、数分間浸ろう。
次に、あなたの上半身を満たした花が

からだの外にあふれ出して空間が輝き出す。
宇宙は美しい花で満たされていく。
あちこちの浄土にいる仏さまや菩薩さまへ のお供えになる。

この観想を5分から10分間ほど続ける。

次にあなたの下半身を構成していた花が体外に飛び出し、
六界《ろっかい》（注）に届く。
無数の花は地獄にも届き、
熱責めに苦しめられている存在への
恵みの冷たい雨になる。
冷たい地獄にも無数の花が満ち、
そこで凍え苦しむ者たちを暖かく包む着物になり、

（注）衆生が輪廻転生する地獄、餓鬼、畜生、修羅。人間、天上の六界

餓鬼のためのおいしい食べ物や飲み物になる。
畜生界に落ちた花は、それぞれの動物にふさわしい餌や、
人間や他の動物から彼らを守る守り手になる。
人間界では、戦争や破壊のための兵器が
突然、花に変身する。
花となったあなたは、
病いで生きる希望をなくしたすべての人々の薬にもなる。
神界に届いた花は仏法《ダルマ》を奏でる太鼓に変わる。
その太鼓が奏でる音は仏法《ダルマ》の四諦（四つの真理）の歌になる。

すべての現象は無常なり。
すべての体験には苦悩を伴う。
すべての現象は縁起で、内外に不変の「自己」は存在しない。

涅槃のみが平和なり。
この仏法《ダルマ》の歌を聞いた仏菩薩たちは、
至福の酔いから目を覚ます。

この瞑想を楽しめただろうか。あなたのからだ中の原子が花だとイメージするときにはその花のひとつひとつから無数の花々が生まれ、宇宙全体が花で満ちていく様子を観想する。
花に触れた者はみな、無知、怒り、執着、嫉妬やその他の苦しみとその原因から解放されるのだ。

音を瞑想する

私たちは生まれたときから気持ちの良い音や美しい声に惹かれてきた。赤ちゃんにとっては、母親の優しい声は、まるで神聖な聖母の声そのもの。安心して憩える避難場所を意味する。

母親のお腹の中にいる赤ちゃんが、母親の心臓の鼓動と優しい声にあやされることは科学者も認めている。だから、私たちにとって優しい声のサウンドがはじめての美の体験になるのだろう。

ヒンズー教でも仏教でも、宇宙の主たるブラフマーはきれいなメロディーのサウンドを好む。

ブラフマーは地球を訪れた際にまず南インド洋のビーチに着陸したと伝えられている。

ཨོཾ་མ་ཎི་པདྨེ་ཧཱུྃ

そこで砂浜に座り、広大な海を眺めながら、素敵な波の音にすっかり酔いしれて、何千年もの間、深く瞑想していた。

彼の喜びはとても大きかったので、その至福そのものが父となり海の音が母となり、子供が生まれた。それが音楽と詩の女神、サラスヴァティだ。

チベットでもインドでも、詩人たちにとってサラスヴァティとは、宇宙が奏でるすべての美しい音のエッセンスだ。だから、彼らは詩を書く前に、彼女にお供えを捧げる。

すべての詩のもとになるのは、音の響きの美しさだからだ。

ほとんどの人は音楽を聞くのが好きだろう。どんな気持ちや状況にあっても、美しい音楽は心に沁み入り私たちを元気づけてくれる。

音楽を聴くときは、演奏しているのが仏陀でその音楽は仏陀の教えだとイメージしてみよう。

音楽に仏陀の教えを聞く瞑想――

仏陀があなたに四つの真理（四諦）や
幸福を得るための六つの条件（六波羅蜜）
またはタントラ（密教）のマントラ（真言）を
教えてくれている。
その教えがサンスクリット語、
チベット語と日本語で
陽光にきらめくチリのように
あなたの目前の宙に舞い、
あなたのからだと心に吸い込まれる。
あなたの中にわだかまっていた
ネガティブな感情がすべて消えていく。

からだと心が仏陀の教えの
すてきな音楽で満ちていく。
瞑想を続けているとあなたのハートは喜びで満ちる。
感極まったら、あなたの好きな歌や
愛と思いやりのマントラ、
「オム　マニ　ペメ　フム」を唱えよう。
歌いながら、または唱えながら、
あなたの声の輝きが広がり、
無数のサラスヴァティの女神が生まれ、
すべての仏や菩薩にお供えを捧げる。
現世の生き物は恵みを授かり。
ウツや不安、怒りその他の苦しみはすべて消える。

クラシック音楽が好きなら、あなたのお気に入りの作曲家を仏陀としてイメージすればよい。曲が経典の教えで、オーケストラが僧伽《サンガ》だ。あなたが好きなのはヒップポップやロックなら、お好みのシンガーを仏陀に見立て、歌の歌詞が仏陀の教えで、ファンやあなたが僧伽《サンガ》だとイメージすればよい。

こうした瞑想が気に入ったら、次にすべての生き物が仏陀で、その言葉やエネルギーが仏陀の教えまたは経典だと想像してみよう。

自然に仏陀を見いだす瞑想――

緑色に育つものはすべて仏陀。
木の葉の間をそよぐそよ風は経典の教え。
海や川や滝は仏陀。
水の音がその言葉。
仏陀のそばを通り過ぎる車がたてる音はすべて仏陀の教え。
道路は仏陀の道。

こうした瞑想ができるようになれば、やがてはどんな雑音や騒音が聞こえたときにも「あ、これも仏陀の教えだ。よく聞けば、何か学べることがある」と理解できる日が突然にやってくる。

香りを瞑想する

ふだんの生活の中で美しい花の前を通り過ぎるとき、私たちは視覚的な可愛さだけでは満足できないかもしれない。その香りに惹きつけられ、花の香りも楽しみたいと思うのだ。

ジャングルや庭園を歩くときにも、私たちはそこで様々な香りを嗅ぐことでより大きな満足感が得られる。

世界中の国々で、植物の貴重な香りのエッセンスを抽出する技術が生まれた。フランス人はそれはたくさんの香水を生みだした。インドや日本、チベットではお香の作り方が芸術として発達した。アジアの国々では、お香は神々や自分自身に捧げられてきた。

女神はすべての欲望や二元を超越した存在だが、それでも人々はお香を供えることで、信心の心を捧げようとする。

西欧では若さと美しさに恵まれた女性たちは高価な香水をつけることで、より魅力的になれると信じている。新鮮な魚は味だけでなく匂いもよいと考えられている。食卓でも食べ物からよい香りがするほど、より快適にくつろいで食事を楽しめる。

おいしそうな匂いには自然の美が凝縮されているものだからだ。

しかし、仏教徒にとっては、不快な匂いを嫌がり、快い匂いだけを楽しんでいるようなら、執着の苦しみに囚われていることになる。

たとえば、お香を焚くときや、香水を楽しむときにも、ただ愛らしい香りを楽しむだけではだめなのだ。あなたが愛する人の姿を思い浮かべて、お香や香水の香りはその人からあなたへの愛だと想像してみる。次に、あなたが嫌いな人を思い浮かべて、その美しい香りは、あなたの愛が足りないことをその人が赦してくれているしるしだと想像しよう。

香りで他利の心を育てる瞑想――

はじめに、お香に火をつけるか、香水の蓋を開ける。
まずはリラックスして
あたりに広がるその美しい香りを楽しもう。
次に、快い香りを楽しむあなたの心に目を向ける。
そうすればあなたの内側の奥深くにある本質は
表裏一体の至福と空《くう》だとわかる。
そのことをしっかり認識する。
すると、その美しい香りは四方に流れ出して
宇宙全体に広がる。
すべての生き物への利益を願って捧げる
仏さまや菩薩さまへのお供えになるのだ。

チベットや中国の寺院を訪れ、お香の香りに気づいたときには、この瞑想をするとよい。

パリの香水店でも、香り豊かなハーブガーデンでも香りの瞑想ができる。

お香や香水がなくても、失望することはない。

ふだんの朝の空気が「薬の気」となって肺を満たし、すべての生き物の心身の苦しみを消して去っていく様子をイメージすればよいのだ。

味覚を瞑想する

食べ物の風味に対する反応は文化の違いで大きく異なるが、どこで生まれても赤ちゃんの人生は母親のお乳を味わうことから始まる。子供時代には飴やアイスクリームやその土地の甘い物の誘惑の味を発見する。そして大人になれば、ピザとビール、またはフィレミニヨンに赤ワインといった好みの味を欲するようになる。

私たちは味わいの虜になるあまり、とくにお腹がすいているときにはその味を想像しただけで、よだれを垂らす。

生き物はすべて、ハエや魚から政治家、大統領に至るまで、味覚に執着している。すべての執着から解放されたお釈迦さまでさえ、おいしい食べ物の味わいを享受した。

経典によれば、どんなに粗末な食べ物もお釈迦さまに捧げられ、お釈迦さまが口にした途端にご馳走に変わった。

つまり、お釈迦さまも、お供えをしっかり賞味されたのだ！

仏教徒の社会ではどこでも、食べ物を前に座ったときは、これから食べるものをまず三宝に供える。仏陀、仏法《ダルマ》と僧伽《サンガ》に捧げるのだ。さらには餓鬼といった下界の存在にもお供えする。

食卓の瞑想 ――

あなたの食事も瞑想になる。

たとえば、朝起きて、座ってコーヒーやお茶を飲むときは、飲み始める前に、それがどこから来たのか、あなたの手に届くまでにどれだけ多くの人の手を経てきたのかを考えてみよう。

それはスターバックスで生まれたわけではないのだ。
もっと遠くのペルーやエチオピアやインドネシアから来たのだろう。
栽培、収穫、加工から、
最終的に街角の店に届くまでの輸送を考えれば
数千人の人が関わっているはずだ。
コーヒーは冷めない内に楽しむべきだが、
それがあなたの食卓に届くまでに生まれた
苦しみにも心を配ってほしいのだ。
その気づきをもとに、
他者を苦しみから解放する助けになろうと
決心することもできる。
ランチタイムには、あなたが食べているお米にも原産地があり、
田んぼで水に浸かり腰を曲げて農作業する人たちの

長時間の労働の末のお米であることを考慮しよう。
夕食にステーキを食べるつもりなら、
それがどこから来たのかを考えてみる。
屠殺場でその生命を奪われた生き物や、
その屠殺に関わった人に降り掛かった
カルマについて考えてみる。
食事を存分に楽しむのは悪いことではないが
食べ物がどこから来たのかという
認識も失わずにいてほしい。
だから、食事の前には
「オム　マニ　ぺメ　フム」と3回か7回唱えよう。
それからステーキを賞味すればよい。
次にあなたの目の前にある食事が

聖なる甘露または宇宙のエネルギーで、
あなたのからだのすべての細胞を生き生きとさせ、
病気やネガティブなものを燃やしてくれる様子をイメージしよう。
そして、そのエネルギーを使って
できる限りすべての生き物への
愛と思いやりを実践するよう、心に誓おう。
食後にはあなた自身が
すべての生き物の食べ物になることをイメージしよう。
たとえば、あなた自身が宇宙全体ほど大きい食事で、
お腹がすき喉が渇いたすべての存在が食卓につき、
あなたというお供えを賞味している様子をイメージしよう。
あなたは彼らの肉体を満足させるだけではなく、
愛と思いやり、智慧にも滋養を与える。

そして、あなたが悟りを開いたあかつきには
彼らがあなたの一番弟子になり、
あなたが彼らに仏法《ダルマ》の教えを授けるようになるのだ。

インドやネパールを訪ねたことがあるなら、あなたが食事をしようと座るたびに、少しでもあなたのおこぼれを頂戴しようと物乞いがやってくることを覚えているだろう。

そうしたときに、私たちは居心地が悪くなる。私たちの基準からすれば彼らは汚く、臭く、不衛生で危険にも見えるからだ。

しかし、彼らはお腹をすかせ、喉が渇き、貧しかった過去生の私たち自身の反映かもしれない。

彼らは私たちの師で、私たちの愛と思いやりと智慧をテストしているのだ。

そのテストにあなたは合格できるだろうか？

触感を瞑想する

人は概して柔らかくなめらかで暖かな肌触りを好む。とても気持ち良く、安心できるからだ。

人間でも他の動物でも、赤ちゃんは母親に抱かれていたい。赤ちゃんにとって、母の懐は恐れも痛みも心配もすべて超越できる真の天国、真の悟りの境地なのだ。

大人もその完璧な境地に戻れたら、どんなに幸せなことだろう！

私たちが恐れや孤独感、ウツや愛する人を失い苦しんでいるときに、思いやりに満ちた友に愛の込もった手で触れられたら、それは最良の薬になるだろう。

触れ合いはペットとの絆も深める。ペットとなった動物も食べ物だけではなく、飼い主との触れ合いで愛を感じたがっているのだ。

お釈迦さまの若い頃の話を読んだことがある人は、彼の従兄弟が空を飛ぶ鴨を撃ち落としたときの逸話を覚えているだろう。

若い王子だったお釈迦さまは、
撃ち落とされた鴨のそばにひざまずき、
刺さった矢をそっと抜いて
傷が癒えるまで愛を込めて鴨をなで続けた。

お釈迦さまの癒しの手を観想するたびに、私の目には涙が浮かぶ。愛を最も伝えやすいのは触れ合いだ。からだを通した触れ合いでもよい。心の触れ合いでもよい。触れ合いには、愛と思いやりを直接伝える力があるのだ。お互いへの親愛の情を本当に示すには、抱擁が必要なのだ！

あなたが落ち込んでいたり、何か心配ごとがあるときに、思いやり深い友だちがそっと肩に触れたり抱きしめてくれたら、どんな気持ちになるか考えてみよう。彼らから実際に何かが確かに流れてくるように感じられるのではないだろうか？

マッサージ療法はこの原則に基づいている。多くの人がマッサージに多額を費やしている理由は、腰痛その他を治したい、というだけではない。

深くリラックスして落ち着け、からだだけでなく心にも良いエネルギーが流れてくるからだ。

触れ合いの瞑想 ――――

では触れ合いながら瞑想してみよう。
愛する人と抱擁するか、手をつなぐ。
あなたの手や抱擁を通して
元気なエネルギーが流れる。
実際に触れ合っている相手だけではなく
元気なエネルギーを必要としている
生き物すべてを抱擁しているようにイメージする。
あなたから愛のエネルギーを受けて生き物はみな幸せを感じる。
次に、今度はあなたが
その生き物たちから愛と幸せを受け取る。

聖なる抱擁の瞑想――

たまたまあなたが何らかのストレスを感じているときに
友だちと抱擁することになったら、
その友だちが仏陀か多羅菩薩（ターラー）で、
あなたの中のネガティブなものがすべて
仏陀や多羅菩薩の智慧の炎で
焼き尽くされる様子をイメージしよう。
次にあなた自身がすべての生き物になったつもりで
仏陀か多羅菩薩を抱擁しよう。
その恵みですべての生き物の
すべての苦悩が取り除かれるように願う。
その際には次の祈りの言葉を3回か7回唱えるとよい。

ただ読むのではなく、
ゆっくりと意味を確かめ心に言い聞かせながら読んでほしい。

すべての生き物が愛と思いやりを持って生まれますように。

すべての生き物が愛と思いやりを持ち続けますように。

すべての生き物が愛と思いやりから行動しますように。

すべての生き物が死ぬまで愛と思いやりを持ち続けますように。


自然と触れ合えば自然の元素から元気なエネルギーがもらえる。

たとえば、母なる地球の大地は、私たちがそれを望むときには、いつでもその懐に私たちを抱き入れてくれる。

そして、私たちの中にあるネガティブなものをすべて流し去り、私たちをリラックスさせ、生き返らせてくれる。

抱擁のパワー

いまこそ、抱擁が伝えてくれる素晴らしい気持ちについて語り合う絶好のチャンスかもしれない。

ことにアジアの国々では、抱擁は愛や尊敬、情熱といった感情の強さの表れとされている。

だから、とくに長年にわたって愛と思いやりを実践してきた徳の高い人物との抱擁には、愛と敬意をお互いに受け入れるという意味がある。その人物が軽く手であなたの頭に触れただけでも、それは強烈な体験になる。

十年ほど前、第十四世ダライ・ラマ法王にインドのダラムサラの宮殿でお目にかかったことがある。

その際に、法王は私の頭頂に手をあててくださった。その後一週間の間、私は自分が宙に浮かんでいるような気がした。それほどの高揚感を感じ続けたのだ。これはダライ・ラマ法王がお持ちになる偉大なる愛と思いやりのなせる業だった。その後、何人かの西欧人からも、ダライ・ラマ法王との出会いで同様な体験をしたと聞いた。

抱擁を専門にしているアンマというインドのヨギーニ（女性修行者）について聞いたことがある人もいるだろう。彼女は世界中を旅して抱擁を与えているが、幸運にもその抱擁を受けられた人はみな至福感や心の安らぎを感じたとしている。

では、ここでお釈迦さまについての逸話を紹介しよう。

「お釈迦さまと老女」

ある日お釈迦さまは弟子と共に、近くの村に昼食を乞いに出かけた。
突然、老婆がお釈迦さまに気づいて駆け寄ってきた。
「ああ、息子よ、我が息子よ！」
老婆はそう叫びながら、お釈迦さまに抱きつこうとした。
ヴィナーヤ（振る舞いの掟）によれば、
修行僧を抱擁できるのは、母親か姉妹に限られていた。
そのため、お釈迦さまの弟子が間に入り、
老女がお釈迦さまに触れるのを止めようとした。
すると、お釈迦さまは「彼女を放しなさい」と言われた。
そして母と息子のようにその老婆と抱擁し合った。
後にお釈迦さまは弟子に語った。

その老女は大昔の過去生でお釈迦さまの母だったことがあり、それ以降ずっと息子への愛を保ってきたのだ、と。

つまり、抱擁の愛と思いやりは輪廻転生を通じて維持できるのだ！深い思いやりを感じる人と抱擁している様子を思い浮かべて瞑想する際には、そのことも覚えておこう。詩人なら、そうした気持ちに突き動かされて、やがては溶け合って純粋な暖かさと光になる太陽の光の抱擁を詩にすることだろう。誰かと抱擁するときには、戸惑いは禁物だ。全身で、相手の胸の鼓動を自分の心臓で感じられるようにしっかり抱擁し合うのだ！

信条を共にする友だちと一緒にできるもうひとつの瞑想がある。お互いに向き合って座り、手に触れ合って行う。お互いの目を見つめ合っていてもよい。またはその方がやりやすければ、目を閉じていてもよい。

友との瞑想 ――

まず、あなたの手に触れている
友だちの手の感触に慣れ、リラックスする。
次に自分の呼吸に意識を向ける。
あなたが息を吐くと愛と思いやりの輝きが口から出て
陽光のように相手のからだの中に溶け込んでいく。
あなたが息を吸うと、相手の愛と思いやりも吸い込まれ、
それは優しいそよ風のようにあなたのからだ中を
なでながら流れていく。

これは単なる詩的なたとえではない。この瞑想をしているときには、実際にからだで愛や思いやりが感じられるだろう。

瞑想でつながる ――

たくさんの人と一緒なら、
円座に座り、隣の人の手と触れ合って、
触れ合いの輪を作ってみよう。
たとえばビーチにいて、
誰もが海を見ながら瞑想したければ
円座ではなく、一列になればよい。
心の準備ができたら、みんなが一緒になって
すべての生き物を抱擁している様子をイメージする。

この瞑想がしっかりできたら、次のようにイメージを変えてみる。

あなたの右手に触れているのは
あなたの親友。
あなたの左手に触れているのは
あなたの宿敵。
右手から伝わってくる親友の愛と思いやりが
あなたの愛と思いやりをどんどん強くしていく。
そしてあなたの宿敵が持っていた
ネガティブな資質をすべて消してしまう。
清らかな水が布についた土を流し去るように。

恐れの瞑想

恐れに抗する

直接または間接的に人生に影響を与え私たちの幸福を破壊してしまう出来事が予期せず起こることもある。

そうしたときに最大の破壊力を発揮するのが恐れだ。

どんな生き物も例外なく、恐れの対象からは逃れたがるはずだが、残念ながら俗世に生きる私たちは、地平線上に恐れが浮かび上がるや否や、それに向かって突進してしまう！

そんなときには、恐れに立ち向かう助けとなってくれる特別なエネルギーが必要だ。

しかし、多くの場合には、私たちは逆に自分を破壊する恐れの方に力を与えてしまう。自分自身で恐れを悪化させ、食欲や睡眠を妨げるようになるまで、恐れを膨らませてしまうこともよくある。

恐れの背後に隠れているものが何かを調べる代わりに、即座に額面通りに恐れを受け入れて本能的に反応してしまうのだ。

たとえば、母親が恐いお面をつけて現れたら、赤ちゃんは恐れの反応を示す。母親の着ている服その他がいつもと変わらなくてもだ。

私たちが恐れを受け入れてしまう要因は多いが、恐れに扉を開き、人生に招き入れるのは私たちのエゴだ。

それは、いわば、毒と知りつつ有毒な食べ物を食べて病気になり、死を恐れる人のようなものだ。そんな人に必要なのは、まず健康な食習慣を学ぶことなのは明らかだ。

あなたが感じる恐れは、外界から訪れたものではない。恐れの感情は私たちの心が作り出すものなのだ。

たとえば、武器を持った泥棒に突然家に押し入られたら恐れを感じるのは当然だ。怪我をしたり殺されてしまうこともあるからだ。

しかし、恐怖の感情は泥棒が持つ武器から放たれるわけではなく、私たちの心が付け足すものだ。

こうした状況下での最善の防御は、恐れ知らずになることだ。恐れでびくついたら、泥棒に力を与えるだけだ。

こんな例も考えてみてほしい。

体調が悪くなり、ガンではないかという恐れが生まれたとする。医師の診察を受ける前にあなたは恐れに食い尽くされ、どんどん精神的なエネルギーを消耗してしまう。

しかし、診断が下ってしまえば、それがたとえ良くないニュースであったとしても、あなたの心はある種の落ち着きを取り戻す。未知への恐れは時に現実への恐れより大きいからだ。

昨夏、スーパーのレジで、私の前に並んだ女性とレジ係の会話を耳にした。

女性に「元気にしていた？」と聞かれたレジ係の若い女性は「元気よ」と言った後で、付け加えた。実は最近、医師にガンだと診断されて、自分が死んだらふたりの子供はどうなるのか心配だ、と。彼女は、「でもガンと共に生きている人はたくさんいるから、死が訪れるまでは冷静でいなければ」と、微笑んだ。彼女の心が安らかなのは、その表情から見てとれた。

次のふたつのことを覚えておくと恐れを感じたときに役に立つ。恐れとは何か、恐れがどう働くのかだ。

よく考えてみれば、恐れと心配は深くつながっているのだ。愛する人を失うことを心配しているときには、あなたはその人を失うことを恐れている。心配は鏡のようなもので、恐れはそこに映る反映のようなものなのだ。あなたは鏡に映ったものが現実だと錯覚しているだけだ。そう考えてみてもよい。

鏡の中の世界が現実だと思って、これまでどれだけ悲しんだり、怒ったり、嫉妬してきただろうか？

なぜそんなときにあなたは、ちょっと考え直して、それが現実か否かを自分自身に問いかけてみなかったのだろうか？

痛みを伴うのだから恐れは現実だと思っているなら、自分自身を見つめ直して、自分にこう問いかけてみよう。


この恐れはどこから来たのか？

いまどこにいるのか？

どこに向かっているのか？


もちろん、あなたはこう言うかもしれない。

「私が恐れているのは、いまその影響を感じているからだ。ということは、現実に違いない！」

その場合には、こう自分に尋ねてみる。

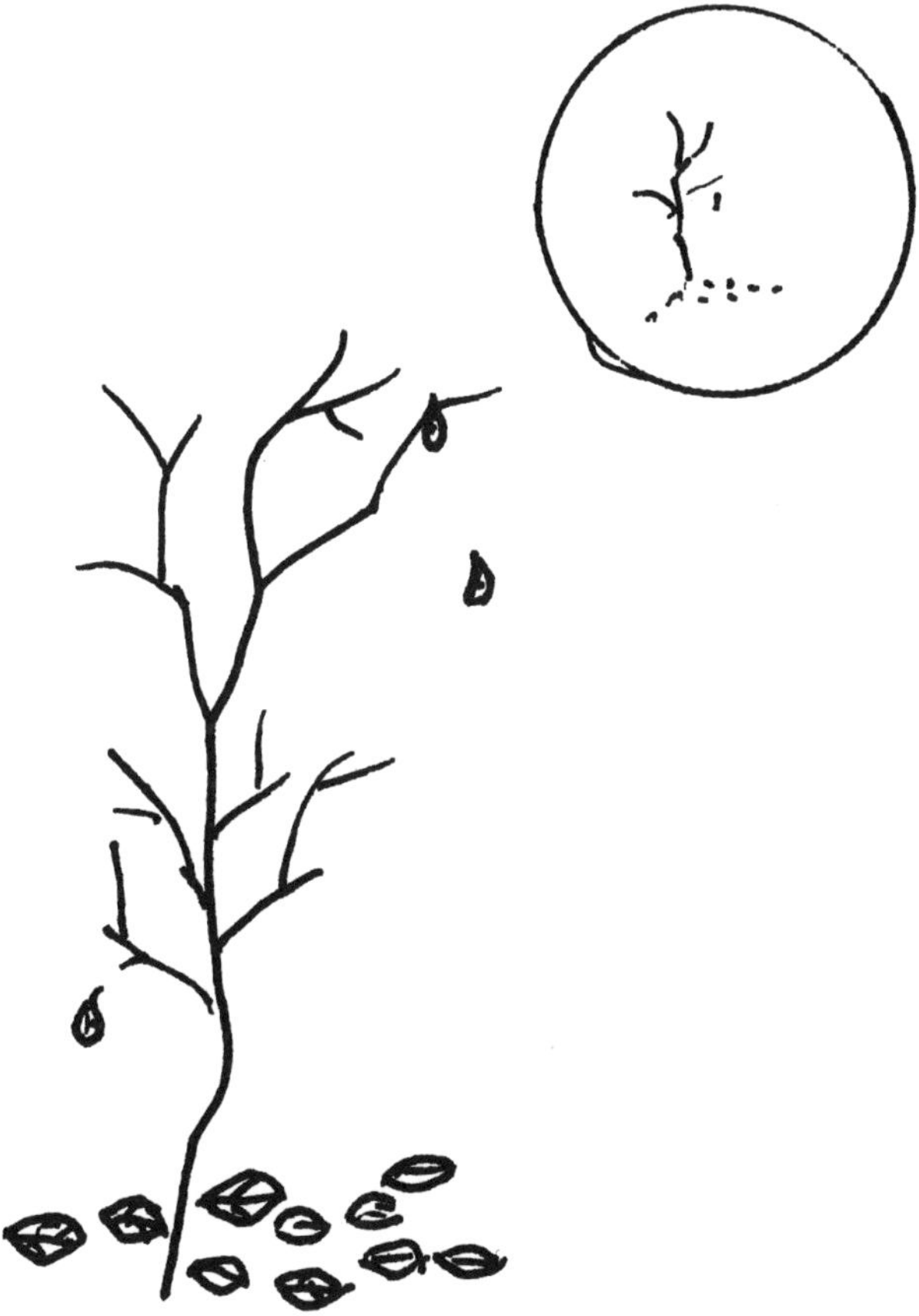

「私は本当にこの不快な気分を私の心に生き続けさせ、ペットのように世話し続けたいのか？」

そして自分にこう答えよう。

「とんでもない！　そんなのまっぴらだ！」

恐れを感じるたびに思い直し、

「嫌だ！」と拒絶するのだ。

これを成功させるコツは、常に自分自身を認識し続けることで、チベット人は「རང་རིག(rang rig)」（自己認識）と呼ぶ。

恐れの引き金になることはたくさんある。

からだが疲れているときや、エネルギーが低くなっているとき。誰かや何かを失いたくないという執着心が強いときだ。

中でも、すべては無常で空《くう》だという真実を忘れたときや、すべての現象へのあなたの見方が、本当はあなた自身の心の反映に過ぎないということを忘れたときに恐れを感じやすい。

気をつけて！　恐れはとても手強い敵だから！

恐れは正面攻撃がうまくいかない場合には回り道をして、あなたが事態に気づく前にあなたに忍び寄る。

誰かに目の前でピストルを向けられた、といったような恐れの直接の攻撃は発見しやすい。

間接的な恐れの攻撃の例は個人的な人間関係で起こりがちだ。

たとえば、愛する人が電話で誰かと親しげに話しているのが聞こえたが、あなたが部屋に入った途端に電話を切ったと想像してみよう。

その恐れの対象が誰なのか分かるまで、「何か」があなたの中で、もやもやし続けることになるだろう。

これはすぐに明らかになるものではないかもしれない。しかし、そうした体験をよく振り返ってみれば、あなたの心に最初にひらめくのは恐れで、一瞬の内にそれが、「恐れ」という感情の仲間である「心配」に変わったことに気づくだろう。

そしてその心配があなたの頭の片隅で（それで頭が一杯にはならなかったとしても）働き始め、あなたは一日中他のことに興味も湧かず、楽しめもせず、夜もよく眠れなくなってしまう。どんなに素敵な環境にいても、心配ごとですべてが色あせ輝きを失い、あなたの体験はすべて灰色に落ち込んでしまう。

つまり、こういうことなのだ。

あなたが心配を抱え込んでいる限り、あなたの心の背後に控える恐れはどんどん大きくなる。そのゴミクズにしがみついている限り、恐れの匂いは消えはしないのだ。

五色の風のヨーガ

カルマの風

チベット仏教医学によれば、健康な人は24時間で2万1700回も呼吸している。そして、その呼吸のひとつひとつが、前向きな感情とネガティブな感情を作り出している。

ネガティブな感情は、怒り、無知、プライド、欲による執着と嫉妬の五毒だ。そのため、私たちは呼吸を「カルマの風」と呼ぶ。

この五毒が白、青、黄、赤、緑という一般的な体験の五原色を生む。

たとえばあなたが誰か、または何かを情熱的に欲しているときにはあなたの顔は赤くなり、内面的にも「熱く」感じる。

この五毒は人生に五つの異なる種類の苦悩をもたらす原因だから、滅却すべきだとする仏教の教えもある。

しかし、チベット禅ではこの五毒もあなたの修行に生かせる。

この世の人生では、私たちはこの原色を単色で、または様々な組み合わせで体験している。

死んだ後には私たちはバルドウとも呼ばれる中有《ちゅうう》(注)の世界に行くが、そこでまた五原色に出合う。そして、俗世に戻るよう誘惑される。

同時に純粋な五色のカラーが現れ、五仏の住む浄土へと私たちを誘う。

仏陀になるためには、五仏のいずれに属するかを選ばなければならないが、それぞれが純粋な一色と関係している。

では五色の風を瞑想してみよう。

この瞑想は屋外にいても家の中でもできる。座布団の上でも椅子に座ってでもよい。まずは、5分間ほどからだをリラックスさせ、内なるおしゃべりもやめて沈黙してから始めよう。

(注) 人が死んでから次に生まれるまで

白い仏陀の瞑想――

あなたの目の前に、白い仏陀
大日如来（ヴァイローチャナ）を観想する。
右手は胸の前で「教えの印」を結んでいる。
手のひらを外に向けて親指と人差し指を閉じ合わせ、
他の指は開くのだ。
左手は膝の上で「瞑想の印」を結んでいる。
もっと簡単なイメージの方がよければ、
大日如来の象徴だということを念頭に置いて、
目の前に白い光の輪を観想すればよい。

次に、空気（風）自体が白い光で
それがあなたに引き寄せられるとイメージしながら
ゆっくり息を吸う。
その光はあなたのからだ全体、エネルギーと意識にも満ち、
あなたの怒りを清めてくれる。
あなたのからだは空から落ちてくる新鮮な雪片のように
純粋な白い結晶になる。
純粋な白い風を吐きながら
それがすべての生き物の怒りを清めていく。
誰もがあなたと同様に
白い結晶になるよう観想する。

青い仏陀の瞑想 ――

青い仏陀、阿閦如来《あしゅくにょらい》（アクショービヤ）は
あなたの無知と愚かさを変革してくれる。
その左手は膝の上で托鉢を抱え、
右手は手のひらを下に向けて右膝に置かれ、
「地に触れる印」を結び、指は大地に触れている。
青い仏陀のイメージまたは、
大日如来の瞑想と同様に、
青い光の輪をイメージして瞑想する。

黄色い仏陀の瞑想――

黄色の仏陀、宝生如来（ラトナサムバヴァ）は
あなたのプライドを昇華してくれる。
その左手は托鉢を持ち、
右手は右膝で、手のひらは外に向け、
親指と人差し指を閉じている。
瞑想の仕方は前述と同様だ。

赤い仏陀の瞑想 ――――

赤い仏陀、阿弥陀如来（アミターバ）は
膝の上で両手で托鉢を持ち
瞑想の姿勢で座っている。
純粋な赤い光の瞑想は
あなたが執着しがちな欲望を昇華してくれる。
前述の要領で阿弥陀如来の瞑想もしよう。

緑の仏陀の瞑想――

緑の仏陀、不空成就如来（アモーガシッディ）は
あなたの嫉妬を昇華してくれる。
他の仏と同様に左手で托鉢を抱えている。
右手は大日如来と同様に「教えの印」を結び、
瞑想の仕方も大日如来の場合と同様にする。

バターのように柔らかい石

昔むかし、とても高名な武術の師がいた。
彼の特技はまるで柔らかなバターのように
石を潰せることだった。
その秘密を学びたいと、数千人の弟子が集まった。
彼はすべての弟子にやり方を同じように教えたが
失敗しなかったのはたったひとりだけだった！

この偉大な師はすべての弟子に、
岩で覆われた巨大な岩山に行くよう命じた。
そしてバターのように柔らかな石を探すよう、こう言った。
「それを見つけて持ってきたら、
私の特技の秘密を教えてあげよう」
ほとんどの弟子は数日探して疲れてしまった。

数ヶ月かけて、この山の数百万の石をあたった弟子もいた。
三年間も、その「バター」石を探し続けて、
結局は諦めた弟子もいた。
しかし、最後に残った弟子は九年間も山にこもった。
そして山で見つけた石すべてを
潰そうとしたがうまくいかなかった。
が、やがて、ようやく試してみたら
本当にバターのように簡単に潰れた石を見つけた！
彼は喜び勇んで師の元に駆けつけた。
そして「見つけました！　見つけました！
九年も探して、やっと見つけました！
さあ、どんな石もバターのように握りつぶせる
秘技を教えてください！」と師に教えを乞うた。

師は微笑みながらこう言った。

「これまで教え続けてきたではないか。九年間も。

そしてお前はついに学んだ！

その山に戻れば、お前が見つける石は

すべてバターのように柔らかいだろう」

弟子が岩で覆われた山に戻ると、

それは本当だった！

彼が拾い上げた石は握ると

バターのように柔らかく潰れた。

彼はそれまで、九年間、

使命感を手に無数の石を手で握ってきた。

その結果、彼も特別なパワーを修得したのだ。

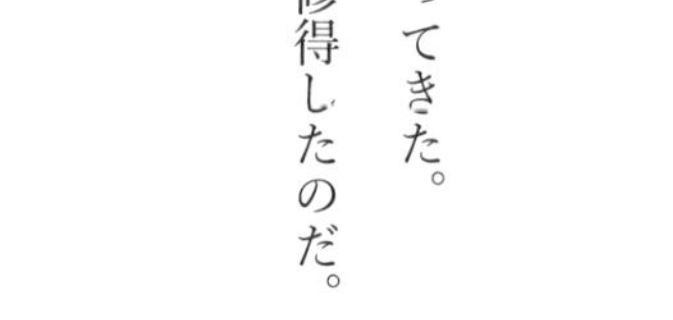

この物語は仏法《ダルマ》の師の完璧さと、完璧な弟子がどうやって仏法《ダルマ》を学ぶのかを示している。

私たちもこの逸話を毎日念頭に置いて生きるべきなのだ。

著者

トゥルク・イェシ・リンポチェ

Tulku Yeshi Rinpoche

ゾクチェン法師。ゾクチェン・ギャルツァブ・ソド・リンポチェの生まれ変わり（トゥルク）であると、ダライ・ラマ法王のニンマ派修行の師であるキャブジェ・トゥルシグ・リンポチェに認定されている。チベット仏教の五大学派を代表する40人以上の師から教えを受けてきた。また、煩悩を切断するための伝統儀式「チュー」の専門家であり、チベット禅の創始者。正規のチベット仏教のグルでまた占星術師、詩人、著作家。世界各地を訪れ、チベット仏教の純粋な教えを広め、灌頂を授けている。

トゥルク・イェシ・リンポチェにはチベット語と英語で13冊の著書がある。2012年には自伝"A Modern Liberation Odyssey: An Autobiography of a Tibetan Buddhist Nomad Lama" を出版。仏法の修行に向けたオーディオCDに"Ocean of Dharma Melodies" "Tibetan Chod", "Ocean of Mantra" がある。ドキュメンタリー映画には"Looking for Buddha" "After 20 Years" がある。

訳者

エリコ・ロウ

Eriko Rowe

ジャーナリスト、著作家、翻訳家。バイオ・エネルギー・トレーナー。長年にわたり取材と実践でチベット仏教医学、道家気功、ネイティブ・アメリカン・メディスンなど世界の伝統療法やヒーリング、超能力開発法を学んできた。著書には『キラキラ輝く人になる』（ナチュラルスピリット）、『アメリカ・インディアンの書物よりも賢い言葉』（扶桑社）など、訳書には『ワン・スピリット・メディスン』（アルベルト・ヴィロルド著）、『「悟り」はあなたの脳をどのように変えるのか』（アンドリュー・ニューバーグ&マーク・ロバート・ウォルドマン著）、『統合リセット』（ジャスムヒーン著）（共にナチュラルスピリット）などがある。元コーネル大学、ワシントン大学非常勤講師。米国シアトル在住。

チベット禅

●

2020年2月27日 初版発行

著者／トゥルク・イェシ・リンポチェ
訳者／エリコ・ロウ

装幀・本文デザイン・DTP／ Dogs Inc.
編集／岡部智子

発行者／今井博揮
発行所／株式会社 ナチュラルスピリット
〒101-0051 東京都千代田区神田神保町3-2 高橋ビル2階
TEL 03-6450-5938 FAX 03-6450-5978
E-mail : info@naturalspirit.co.jp
ホームページ https://www.naturalspirit.co.jp/

印刷所／中央精版印刷株式会社

ISBN978-4-86451-329-6 C0010